ARKANA

Buch

Wer wünschte sich nicht das dauerhafte Glück romantischer Zweisamkeit? Das Leben spielt freilich oft anders. Streit, Eifersucht, das Erlöschen des sexuellen Begehrens hängen als Damoklesschwert über vielen Beziehungen. Doch die Hexenkunst weiß auch in Liebessachen Rat. Hexe Sandra greift in ihre unendliche Schatzkiste und hilft dem Liebesglück auf die Sprünge.

Hier erhalten Sie Rezepte, um im Partner Liebe zu wecken, den Rausch des Verliebtseins so lange wie möglich zu genießen, der Eifersucht gegenzusteuern und eingeschlafene Gefühle wieder zu beleben. Sie lernen den Umgang mit Amuletten, die Anwendung von Ölen und Kräutern sowie den Einsatz von Ritualen und Gebeten. Darüber hinaus erfahren Sie viele wertvolle Hexenweisheiten, die Ihre Spiritualität bereichern und Ihrem Liebesleben Sinn schenken.

Autoren

Sandra wurde 1940 in Prag geboren und entstammt einem alten Adelsgeschlecht. Sie ist Mutter dreier Kinder und lebt und arbeitet als Hexe in München, wo sie auch einen eigenen Laden für magische Utensilien leitet.

Arno Frank Eser, Jahrgang 1953, ist Buchautor und Journalist. Er arbeitet für die Münchner Abendzeitung und verschiedene Magazine.

Von Sandra ist bei Goldmann bisher erschienen:

Ich, die Hexe (12134)
Hexenrituale (12193)
Rezepte aus der Hexenküche (14198)
Weiße Magie, Schwarze Magie, Satanismus (21527)

Sandra

Arno Frank Eser

Liebeszauber

Hexenrezepte für romantische Gefühle,
Sex und erfüllte Liebe

ARKANA
GOLDMANN

Umwelthinweis:
Alle bedruckten Materialien dieses Taschenbuches
sind chlorfrei und umweltschonend.
Das Papier enthält Recyclinganteile.

Originalausgabe Februar 2002

Umschlaggestaltung: Design Team München
Umschlagfoto: Guido Pretzl
Redaktion: Ulrike Schöber
Satz: Uhl + Massopust, Aalen
Druck: Elsnerdruck, Berlin
Verlagsnummer: 21597
WL · Herstellung: WM
Made in Germany
ISBN 3-442-21597-8
www.goldmann-verlag.de

1. Auflage

Inhalt

Einleitung

Das Rad der Zeit dreht sich immer schneller, und der moderne Mensch hat gefälligst alles zu tun, um so erfolgreich, so schön und so begehrenswert wie möglich zu sein. So reden es uns die Massenmedien wenigstens ein. Zwar grinst man überheblich über Papa und Opa, die ohne das Statussymbol Auto nicht glücklich werden konnten und für die es wichtig war und ist, dem lieben Nachbarn zeigen zu können, was sie habe. Schließlich steht man ja souverän über solch leicht durchschaubaren Mechanismen.

Doch dass sich dieses alberne Spiel aber nicht nur bis ins Heute fortsetzt, sondern sogar noch gesteigert hat, fällt den wenigsten auf. Aus dem Opel Kapitän und der Isetta wurden der Hochleistungscomputer und das Häuschen in Mallorca, doch das ändert nicht das Geringste am grundsätzlichen Muster. Im Gegenteil: Hier geht es nur noch um eine Pervertierung der Situation.

»Meine Frau, meine Kinder, mein Haus, mein Boot!«, triumphierend haut der Neureiche seinem ehemaligen Schulfreund die einzelnen Fotos geradezu um die Ohren, genau wie die Trümpfe eines Kartenspiels. Wir alle kennen diese Szene aus der Kino- und Fernsehwerbung. Und haben sie schon längst verinnerlicht. So sieht also das Gesicht eines erfolgreichen Lebens aus. Mein Haus, meine Kinder, meine Frau, mein Boot. Oder was auch immer sonst. Die Verinnerlichung dieses Musters geht so weit, dass es anscheinend keine anderen Werte mehr gibt, die das Leben lebenswert machen.

Dabei stellt sich wieder die Frage, was zuerst da war: die Henne oder das Ei? Die in diesem Fall leicht zu beantworten ist: Es ist keinesfalls dieser oder ein ähnlich gelagerter Werbespot, der unser Verhalten geprägt hat. Vielmehr müssen wir davon ausgehen, dass die Werbeindustrie ganz geschickt bereits vorhandene Verhaltensmuster aufgegriffen und thematisiert hat. Das Verrückte dabei: Keiner findet das anstößig, niemand meckert darüber. Denn so ist nun mal die Realität. Was vor ein paar Jahren noch als peinliches Spießerverhalten gegolten hätte, ist nun salonfähig geworden. Stehen wir doch zu unseren Trieben und fragwürdigen Protzangewohnheiten, es ist doch nichts Schlimmes dabei, so die Botschaft.

Wirklich nicht? Die Praxis meines Hexenladens in München, der umfangreiche Telefon- und Briefverkehr und natürlich auch der direkte persönliche Kontakt mit meinen Klienten und Freunden, spricht eine ganz andere Sprache. Und die beunruhigt mich immer mehr: Es hat sich eine Tendenz herausgeschält, die nicht mehr vernachlässigt werden kann. Vor lauter Angabe und Protz, vor lauter Tempo, Karriere und Status vernachlässigen wir die wichtigsten zwischenmenschlichen Themen, die es überhaupt gibt: Romantik, Liebe und Sex.

Tatsächlich ist irgendwo in unserem Inneren verankert, dass man diese Attribute alle besitzen muss, eine tolle Partnerin oder einen tollen Partner, um die oder den einen alle beneiden, dass man Sexappeal haben muss und vieles mehr in dieser Richtung. Doch innerhalb der großen Wunschpalette sind diese Faktoren auf eine Stufe zu stellen mit dem Auto, dem Haus und dem Ferienappartement. Man braucht diese »Sachen« einfach, muss damit repräsentieren können und sich im Zweifelsfall dafür schämen, wenn man sie nicht hat. Image ist alles. Kein Wunder, wenn man oder frau mit dieser Grundeinstellung Schiffbruch erleidet.

Denn die Klippen sind vielfältig: Keiner liebt mich, oder wenn doch, dann der Falsche. Oder ich bin hoffnungslos verliebt in jemanden, der nicht das Geringste von mir wissen will. Oder die Partner stellen nach einer wilden Anfangsphase fest, dass ihre Beziehung nicht alltagstauglich ist, dass außer dem Reiz des Neuen nicht viel dahinter ist.

Hat man dann schließlich doch jemanden gefunden, mit dem man eine Partnerschaft über längere Zeit wagen kann und will, liegen neue Stolpersteine im Weg: Gewöhnung aneinander als Schleifstein der Beziehung, abnehmendes sexuelles Interesse, allgemeine Schlampigkeiten im Umgang miteinander, das scheinbar friedliche Einschlafen einer einst heißblütigen Beziehung und ihre Mutation zu einem Bratkartoffelverhältnis. Dazu kommen noch Faktoren wie Eifersucht, Sprachlosigkeit im Umgang miteinander, lähmende Routine.

Und über allem immer wieder der Zwang, dass die Umwelt nichts von diesen Schwierigkeiten merken darf. Denn man muss ja schließlich eine Beziehung haben. Mein Haus, mein Auto, meine Beziehung. Wirklich? Gibt es nicht auch ein erfülltes Leben als Single?

Auf all diese Fragen möchte ich in diesem Buch antworten. Mein Co-Autor Arno Frank Eser und ich haben hier keinen Sexberater zusammengestellt, sondern eher einen Wegweiser in das Reich der Romantik und der altüberlieferten Künste aus dem Fundus der Hexenweisheiten. Ich erlaube mir auch dieses Mal wieder, das überlieferte Hexenwissen meiner Schwestern mit neu erworbenen Erkenntnissen zu kombinieren, die auf der Arbeit meiner täglichen Praxis fußen. Hexenwissen war noch nie statisch, denn nur krankhafte Nostalgiker können ständigen Weiterentwicklungen ablehnend gegenüberstehen.

Sie werden viel darüber erfahren, wie Sie mit einfachen Hilfsmitteln aus der Hexenkunst zu einem besseren zwischenmenschlichen Miteinander kommen können. Gesunder Menschenverstand und Hexentradition gehen hier eine heilsame Symbiose ein. Nach meinem Verständnis und nach meinem Weltbild schließen sich alte Rituale, Kräuter, Öle, Kerzen, Amulette, Talismane und moderne Psychologie nicht aus.

Dennoch werden Sie Verständnis dafür haben, wenn ich im Fall etwaiger Unsicherheiten lieber auf alte Rezepte als auf noch so moderne Erkenntnisse zurückgreifen werde. Denn die moderne Wissenschaft hat uns schon zu oft enttäuscht. Was gerade noch als die neuste Erkenntnis galt, ist ein paar Jahre später schon längst widerlegt.

Die Themen Liebe, Romantik und Sex sind in ihrer Wichtigkeit unübertroffen. Viele Menschen haben gerade in diesen Punkten ihre größten Probleme. Auch wenn an zweiter und dritter Stelle immer wieder die Problemfelder Gesundheit und Geldsorgen in den Vordergrund treten mögen.

»Ihr könnt alles haben auf der Welt, Geld, Macht, Erleuchtung, alles, was man sich nur vorstellen kann«, so der Apostel Paulus im Neuen Testament, »aber wenn ihr die Liebe nicht habt, habt ihr gar nichts.«

Ein Statement, dem ich mich nur anschließen kann. Die Götter mögen Sie beschützen!

Keiner liebt mich

Wie oft musste ich Aussagen wie diese schon hören, wie oft auf privater Ebene und noch öfter in der Praxis meines Hexenladens: »Ach, mich mag eh keine(r)«, »Ich bin doch sowieso nichts mehr wert«, und der Gipfel des Weltschmerzes: »Keiner liebt mich.« Wenn Sie, liebe Leserin und lieber Leser, selbst prüfen, wie oft Sie Derartiges schon in Ihrem Freundes- und Bekanntenkreis vernehmen und über sich ergehen lassen mussten, dann kommt sicherlich eine schöne Anzahl an Stunden, Tagen und vielleicht gar Wochen zusammen, in denen bei Ihrem Freund oder Ihrer Freundin Liebeskummer und Weltschmerz angesagt waren. Dann geht es einfach nur ums Dasein, ums Händchenhalten, ums geduldige Zuhören.

Und wenn Sie sich an die eigene Nase fassen, dann wissen Sie ganz genau, dass auch Sie selbst des Öfteren schon solche Sätze gesagt haben. Und froh darüber sein konnten, wenn Sie jemanden hatten, der zugehört hat und der Ihnen seelische Streicheleinheiten gab.

»Keiner liebt mich« ist zu einem geflügelten Satz geworden. Aber nicht nur in einer ernst gemeinten und tragischen Form, sondern oft genug auch in einer ironischen. Wenn jemand den allgemeinen Weltschmerz auslebt und auch ausformuliert, dann kann der Zyniker schnell mit einem vielleicht liebevoll gemeinten, aber dennoch sehr spitzen und scharfen Verbalpfeil zurückschießen: »Ja, ja, ich weiß schon, keiner liebt dich, und das Leben ist überhaupt ganz schön schrecklich.« Es gibt sogar einen berühmten und sehr guten deutschen Film mit dem Titel »Keiner liebt mich«. Auch hier wurde der geflügelte Satz ironisch, wenn nicht bissig verwendet.

Was uns aber auf keinen Fall daran hindern darf, diese drei berühmten Worte genauer anzuschauen. Sie zeigen eine ganze Menge: Erstens, dass der Mensch ein soziales Wesen ist und es nicht in seiner Natur liegt, allein zu existieren. Er braucht Gesellschaft. Zweitens, dass der Mensch nicht nur Gesellschaft benötigt, sondern Liebe von anderen Menschen. Und drittens, und das ist vielleicht der wichtigste Punkt, dass der Mensch glaubt, ein Recht auf diese Liebe zu haben, denn das Fehlen dieser Liebe schmerzt ihn. Er empfindet es als Zustand, den es nicht nur zu bejammern, sondern auch zu ändern gilt.

Ist das Leben in der Gemeinschaft in unseren Genen verankert? Oder hat man uns diesen Wunsch danach anerzogen? Es wird wohl eine Art Mischform sein, mit der wir es hier zu tun haben.

Den Wunsch nach Liebe definiere ich natürlich über die Fortführung der eigenen Gene, also über den Fortpflanzungstrieb hinaus. Liebe ist Nähe, jemandem vertrauen, sich gut dabei fühlen, niemals aufrechnen, was der andere falsch gemacht haben könnte und so weiter. Sie wissen es doch: »Liebe heißt, niemals um Verzeihung bitten zu müssen«, so das berühmte Zitat aus dem Film »Love Story«.

Liebe heißt Vertrautheit. Der andere ist einfach da,

versteht mich, ohne dass ich ihm groß etwas erklären muss. Liebe bedeutet mehr als Sex und mehr als Erotik, Liebe heißt die Summe aus allem.

Kein Wunder, wenn sich viele grämen, wenn sie diese Summe nicht herstellen können. Stimmt es wirklich, dass zu jedem Ying auch ein Yang gehört? Sind wir als Einzelwesen unvollständig? Sind wir darauf angewiesen, unsere andere Hälfte zu finden? Bei den meisten von uns scheint das so zu sein. Sonst wäre das Problem mit der Liebe, die Last mit der Lust, nicht so gravierend in unserer Gesellschaft.

Also umso schmerzhafter, wenn man oder frau feststellen muss: »Keiner liebt mich.« In diesem Satz drückt sich nicht nur die Sehnsucht aus, sondern er manifestiert das eigene Versagen: »Verdammt noch mal, ›alle‹ haben einen Partner, bloß ich nicht.« Wobei in so einer Situation natürlich kaum überprüft wird, wer denn »alle« sind. Die Schönen und die Reichen, die uns jeden Tag in den Medien präsentiert werden? Die Nachbarn und die Freunde, die alle so tun, als seien ihre Beziehungen oder ihre Ehen in Ordnung? Oder von wem reden wir, wenn wir von »allen« reden?

Von wem auch immer: Wir reden in diesem Fall von Menschen, die etwas haben, was wir, wenn wir »Keiner liebt mich« seufzen, nicht haben. Und so gerne hätten. Nicht nur so gerne hätten, sondern dringend bräuchten – weil wir uns allein unvollständig fühlen. Ein Leben ohne Liebe – wie trostlos! Zumindest kommt uns das immer wieder so vor. Wobei ich jeden verstehen kann, der Abschnitte und ganze Perioden in seinem Leben hat, in denen dieses Gefühl übermächtig bis bedrohlich wird.

So mag das Geständnis »Keiner liebt mich« zwar auch oft genug nur der verbal geäußerte Wunsch nach Zuneigung sein, nicht selten aber ist es auch eine Art Kapitulation. Eine Selbstaufgabe, zumindest verbal, die nach Hilfe schreit. »Keiner liebt mich, ich kann das allein nicht ändern, bitte ändere du diesen Zustand für mich.« So oder so ähnlich.

Sie wissen aus meinen vorangegangenen vier Büchern, dass ich es vorziehe, meinen Leserinnen und Lesern lieber die Angel als den Fisch zu geben, also die Hilfe zur Selbsthilfe. Machen Sie sich deshalb die Mühe, eine der wichtigsten Fragen in diesem Zusammenhang gründlich unter die Lupe zu nehmen: Wie sieht die Realität aus? Liebt mich wirklich niemand oder bilde ich mir das nur ein, weil ich momentan zu schwach oder zu unmotiviert bin, Liebe und Zuneigung als solche überhaupt zu erkennen? Dazu mehr im nächsten Kapitel.

Warum liebt mich keiner?

Wer mit dem »Keiner-liebt-mich«-Gefühl lebt, hat in erster Linie mit dem Gefühl des Alleinseins zu kämpfen. Mit dem Begriff »liebt« wird zunächst keinesfalls eine freundschaftliche, sexuelle oder gar partnerschaftliche Sehnsucht verbunden, sondern zuerst der Wunsch nach Gesellschaft, in welcher Form auch immer. Das halte ich jetzt einfach so fest, auch wenn mir viele meiner Leserinnen und Leser sofort tausend Gegenargumente um die Ohren hauen wollen.

»Keiner liebt mich« – woran könnte es liegen? Das

erste und übliche Klischee: Ich bin zu dick oder zu dünn, zu blond oder zu schwarz, zu hell- oder zu dunkelhäutig, habe einen zu großen oder zu kleinen Bizeps oder Busen, bin zu groß oder zu klein. Äußerlichkeiten also. Entschuldigen Sie, wenn ich kurz gähnen muss. Eine Beziehung, die auf Äußerlichkeiten basiert, ist keine. Das wissen wir doch schon seit Urzeiten. Dieses Thema langweilt. Wer auf dieser Ebene von mir Weisheiten erfahren will, soll sich die Nase oder den Busen operieren und mich ansonsten in Ruhe lassen. Danke, dass Sie dieses Buch gekauft haben. Sie haben damit mein Tierschutzkonto gefüttert.

Also bitte, ein neuer, ernsthafter Anfang: Keiner liebt mich, woran könnte es liegen?

Jeder Mensch hat eine ganz gewisse Ausstrahlung, für die es früher und später auch einen Empfänger geben wird. Das ist so sicher wie das Amen in der Kirche. Aber diese Ausstrahlung funktioniert anscheinend nicht. Dafür kann es viele Gründe geben: Kann es sein, dass Sie gerade ein körperliches Problem ausbrüten? Dass Sie sich schon seit langem lustlos und schlapp fühlen, dass Sie schlecht schlafen und noch schlechter träumen, dass Sie ständig das Gefühl haben, vom Leben an sich überfordert zu sein? Machen Sie einen Gesundheits-Check bei Ihrem Hausarzt. Ein Verfahren, das ich grundsätzlich jedem anrate, der irgendwie haltlos in der Luft hängt, jedem, der sich unwohl fühlt und nicht so recht weiß, warum. Kann ja sein, dass der Arzt etwas findet.

Und wenn er etwas findet, wird er Sie bestimmt auf die eine oder andere Weise mit der Forderung konfrontieren, dass Sie sich mit Ihrem Körper beschäftigen müssen. Kein schlechter Anfang.

Viel wichtiger aber ist die Auseinandersetzung mit Ihrer Seele. Ein Gebiet, in dem Wahrheit und Projektion ineinander greifen.

Einbildung oder Wahrheit?

Wer das Gefühl hat, von der Umwelt, den Mitmenschen oder gar von der ganzen Welt allein gelassen zu werden, wer sich so sehr nach Anerkennung und Liebe sehnt, diese aber nicht finden kann, der empfindet diese Situation als Zurückweisung, als persönliches Versagen und auch als Schmerz. Dieses Gefühl, dieser Schmerz ist real oder wird zumindest als real empfunden. Man kann ihn also nicht wegdiskutieren oder schönreden. Wir müssen uns damit auseinander setzen.

Was wir bei dieser Auseinandersetzung aber auf keinen Fall vergessen sollten, ist die Liebe zur Wahrheit. Das heißt, wir müssen zunächst prüfen, ob es tatsächlich zutrifft, wenn der Betreffende »Keiner liebt mich« seufzt.

Das Problem dabei ist, dass alles relativ ist, und dass es kaum etwas gibt, was relativer ist als die Wahrheit. Ein Eskimo behauptet, dass es in Deutschland unerträglich warm ist. Ein Afrikaner dagegen friert in Deutschland und drückt das auch verbal aus. Und beide sagen die Wahrheit. Jeder besitzt seine ganz persönlich erlebte und empfundene Wahrheit, daran gibt es nichts zu rütteln.

Wer sich also ungeliebt und unbeachtet fühlt, empfindet damit einen wahrhaftigen Zustand. Wobei es durchaus sein kann, dass dieser Zustand von außen betrachtet ganz anders erscheinen mag. Es ist die Geisteskraft, die diese Einschätzung zur Wahrheit werden lässt.

Ich habe in einem meiner früheren Bücher in diesem Zusammenhang ein Beispiel erwähnt, das ich wiederholen möchte, denn es ist eine wahre Geschichte: Ein Mann wird versehentlich in einem Kühlhaus eingesperrt und stirbt dort, und zwar eindeutig an Erfrierungssymptomen. Das konnten die Ärzte tags darauf zweifelsfrei feststellen. Fatal für den armen Eingesperrten. Besonders im Hinblick auf die Tatsache, dass die Kühlung gar nicht eingeschaltet war. Seine Wahrheit aber war, dass man in so einer Halle erfrieren muss. Sein Geist hatte ihn programmiert.

Also ist die Aussage »Keiner liebt mich« durchaus ernst zu nehmen. Denn es geht hier um die real empfundene Wahrheit.

Wir können diese Wahrheit nur verändern und lenken, nie aber so tun, als gäbe es sie nicht. Ein paar Nachfragen sind dennoch erlaubt und notwendig. Stimmt es wirklich, dass mich keiner liebt? Für eine Antwort genügt es, das eigene Adressbuch von vorne bis hinten durchzusehen und so lange bei jedem einzelnen Namen zu verweilen, bis mir im Zusammenhang mit diesem Menschen ein schönes Erlebnis eingefallen ist. Es muss ja nicht gleich ein Liebesabenteuer gewesen sein, einfach nur ein schönes Erlebnis.

Es wird uns immer wieder eingeredet, dass wir zu jeder Zeit erfolgreich und glücklich zu sein haben. Also fühlt sich jeder, der das eine gewisse Zeit lang nicht ist, als Versager. Und Versager verkriechen sich gern. Sie brechen alte Kontakte ab, gehen nicht mehr zum Stammtisch, zum Kegel- oder Tanzabend, nehmen auch keine Einladung mehr an. Ganz einfach, weil sie nicht wollen, dass die Umwelt merkt, dass etwas nicht stimmt. So schaffen sie sich eine Insel, auf der nur Platz für sie allein ist. Denn wer mehrmals auf eine Einladung hin einen Korb bekommen hat, wird nach einiger Zeit nicht mehr einladen. Umgekehrt funktioniert es nach dem gleichen Prinzip: Ich will keinen Korb kriegen, will keine Quittung meines Versagens einheimsen, also lade ich besser gleich gar nicht mehr ein. Eine fatale Gegenreaktion, die zur weiteren Vereinsamung führt.

Bekanntschaften und Freundschaften müssen gepflegt werden wie ein empfindliches Pflänzchen. Man muss sie gießen, streicheln, Unkraut im direkten Umfeld zupfen, und man muss diesem Pflänzchen hin und wieder auch Streicheleinheiten geben. Ihm sagen, dass man froh darüber ist, dass es da ist. Freundschaften, die nur dann in Anspruch genommen werden, wenn man vom anderen etwas will, sind wertlos. Genauso wie Freundschaften, die nur dann bestehen, wenn man bester Laune ist und der Himmel ungetrübt. Solche »Gut-Wetter«-Bekanntschaften sind heutzutage gang und gäbe. Bloß keine Probleme, ich hab selber genug davon. Also bitte immer schön lächeln und Spaß zusammen haben, mehr will man nicht voneinander. Eine Haltung, die sich früher oder später bitter rächen muss.

Und in dieser Situation steckt unser »Keiner-liebt-mich«-Kandidat nun. Die sozialen Kontakte sind gekappt, man sitzt da und bläst Trübsal. Und träumt von der Superfrau oder dem Märchenprinzen, die schwuppdiwupp alles wieder ins rechte Lot rücken sollen. Einerseits verständlich, auf der anderen Seite aber mehr als naiv und schädlich.

Wahre Freunde helfen diesem »Kandidaten«, indem sie ihn wieder Schritt für Schritt ins Leben zurückführen. Heute Kino, morgen Kneipe und übermorgen etwas anderes. Nur keine Brechstangenaktion aus der Kupplerabteilung, das geht meistens in die Hose – und wird, wenn sie durchschaut ist, nicht nur peinlich, sondern auch zum Prüfstein für die Freundschaft.

Der selbst betroffene »Keiner-liebt-mich«-Kandidat, der diesen Zustand als Wahrheit empfindet, muss im Notfall auch bereit sein, selbst die Initiative zu ergreifen, sonst wird sich nichts ändern. Das heißt im Klartext, er muss sich wieder bei alten Freunden melden und selbst Vorschläge für Aktivitäten machen. Es muss ja nicht immer gleich das arbeitsintensive Abendessen zu Hause sein, es bringt auch schon was, wenn man in die Lokalzeitung schaut und sich über Vereinsaktivitäten informiert. Ein Vortrag über Tunesien – warum nicht? Eine Diskussion über den neuesten Unsinn der Bundesregierung – auch nicht schlecht. Oder einfach ein Treffen der Briefmarkensammler, Brieftaubenzüchter oder Hobbyangler, je nach Neigung. Sie wissen schon, wie ich's meine.

Was immer Sie tun, es wird Sie einen Schritt nach vorne bringen. Nicht sofort vielleicht, aber auf lange Sicht ganz bestimmt. Verinnerlichen Sie einfach die Grundregel: Wer Veränderung will, muss Bewegung investieren. Stillstand ist Tod. Und wer sich bewegt, für den erübrigt sich schnell die Frage, ob er sich seine weltweite Ablehnung nur einbildet oder ob sie real ist.

Beispiele aus meiner Praxis

Das Thema Liebe ist, ich habe es schon erwähnt, das zentrale Thema aus meiner alltäglichen Beratungsarbeit in meinem Hexenladen. Wenn ich Ihnen ein paar Beispiele aus meiner Praxis vorstelle, dann tue ich das in der Absicht, dass Sie vielleicht Parallelen oder Ähnlichkeiten zu Ihrem eigenen Problem herstellen können. Und Sie werden sofort sehen, dass Ihr Weltschmerz nicht so einzigartig ist, wie Sie vielleicht meinen.

Sämtliche Namen in meiner kleinen Aufzählung der Fallbeispiele habe ich natürlich geändert. Hexen und Magier unterliegen wie Ärzte und Anwälte der Schweigepflicht. Zumindest die seriösen.

Der 26-jährige Michael L. ist ein erfolgreicher Kameramann, sieht nach meinem subjektiven Empfinden gut aus, ist charmant und liebenswert. Er aber empfindet sich selbst als hässlich und unattraktiv. Diese Geisteshaltung ist entstanden, weil er sich ein paar Mal einen Flirt mit einer ganz bestimmten Person eingebildet hat und ein paar Mal hintereinander abgeblitzt ist. Inzwischen hat er die Einstellung, dass er sowieso nie kriegt, wen er will, dass er unnütz auf dieser Welt ist und dass es ohnehin am gescheitesten wäre, wenn er sich gleich umbringen würde. Es sind regelrechte Depressionen entstanden, die meiner Meinung nach dringend ärztlich behandelt werden sollten. Aber davon will Michael nichts wissen. Er leidet sich immer tiefer in seine inzwischen selbst gewählte Isolation hinein, hat eine traurige bis negative Ausstrahlung, mit der er bestimmt nie eine Freundin finden wird.

Lucy D. wiegt gerade mal 40 Kilo und ist ein zierliches Persönchen. Aber sie fühlt sich immer noch viel zu dick. Und dass sie als dicke hässliche Frau nie einen Partner finden kann, ist ihr absolut klar. Also macht sie eine Diät nach der anderen und ist schon seit langem magersüchtig. Es genügt nicht, ihr zu sagen, dass sie schon längst spindeldürr ist. Sie findet sich zu dick und damit basta. Also hat sie auch die Ausstrahlung einer dicken und unattraktiven Frau und wird sich wohl noch einige Zeit quälen müssen.

Peter H. hat einen Spleen oder besser gesagt einen Bildungskomplex. Er hält sich für dumm und unwissend in jeder Beziehung, will aber gerne geistreich wirken. Er lernt Redewendungen aus Filmen auswendig, um sie im richtigen Moment anbringen zu können und als die eigenen zu präsentieren. In jede Unterhaltung geht er mit größter Angst. Das Schlimmste für ihn wäre, dass ihn jemand für dumm und ungebildet halten könnte. Dabei hat Peter Abitur und studiert gerade im vierten Semester Physik, eins der schwierigsten Studienfächer überhaupt. Durch seine Verkrampftheit schreckt er nicht nur potenzielle Freunde ab, sondern verhindert auch jeden Flirt.

Claudia R. ist Anfang dreißig und ausgesprochen hübsch. Dennoch bemäkelt sie fast jeden Tag vor dem Spiegel ihren »viel zu kleinen« Busen, ihre »krummen«

Beine und noch jede Menge mehr. Sie mag ihren Körper nicht. Dabei ist sie rein äußerlich so attraktiv, dass sich die Männer nach ihr umdrehen. Kaum einer würde aber wagen, sie anzusprechen, weil sie den Eindruck eines Superweibs macht. Dieses Superweib aber fühlt sich überhaupt nicht super, wenn es auf Partys geht und nach kurzem feststellen muss, dass die meisten Gäste als Pärchen kamen. »Jeder hat einen, jeder ist irgendwie unter der Haube, bloß bei mir klappt es nicht. Kein Wunder bei meinem kleinen Busen und meinen krummen Beinen.« Das geht so weit, dass sie immer wieder weinend eine Party frühzeitig verlässt, weil sie den Anblick all der Pärchen nicht aushalten kann. Die zurückgelassenen Gäste schauen dann meist recht dumm aus der Wäsche, und jeder einzelne fragt sich, ob er vielleicht etwas Falsches zu Claudia gesagt haben könnte. Vor lauter Torschlusspanik und Angst vor dem Alleinsein lässt sich Claudia immer wieder mit Männern ein, die weit unter ihrem Niveau sind. Einzig und allein mit dem Ziel, auch einmal zu zweit in ein Lokal oder auf eine Party gehen zu können. Das Chaos ist vorprogrammiert; die Trennung lässt meist nicht lange auf sich warten. Klar, dass sie dann immer wieder heulend bei ihren Freundinnen auftaucht und »Keiner liebt mich« schluchzt.

Wenn man all diese Fälle auf das Wesentliche reduziert, so bleibt unterm Strich die Feststellung, dass es immer wieder um den Mangel an Selbstbewusstsein geht. Wie man diesen Mangel beheben oder zumindest lindern kann, damit verdienen sich Psychotherapeuten eine goldene Nase. In endlosen Sitzungen versuchen sie, die erfahrene Verletzung herauszubekommen, die schließlich dazu geführt hat, dass das Selbstbewusstsein so lädiert wurde.

Wir Hexen aber sind nicht der Meinung, dass jede Wunde noch mal aufgekratzt werden muss. Wir helfen uns mit einfachen, aber wirksamen Mitteln, die eine jahrhundertelange Tradition haben.

Mit Hexenrezepten das Selbstbewusstsein stärken

Das erste Rezept, das ich allen gebe, die unter dem »Keiner-liebt-mich«-Syndrom leiden, hat nicht das Geringste mit Hexenkunst zu tun, sondern mit gesundem Menschenverstand. Ich empfehle meinen Klienten, sich selbst etwas Gutes zu tun. Das können ein neues Kleidungsstück, neue Schuhe oder auch eine neue Frisur, aber auch ein Entspannungsbad oder ein Kurzurlaub sein oder ein schönes Essen in einem edlen Restaurant. Hauptsache, man verwöhnt sich selbst. Denn wer verwöhnt wird, von wem auch immer, fühlt sich grundsätzlich besser und kann damit auch eine positivere Ausstrahlung abgeben.

Das Selbstbewusstsein stärken und die allgemeine Ausstrahlung verbessern, kann man auch mit kleinen Hilfsmitteln der Hexenkunst. Wer ein Faible für Steine hat, liegt bei folgenden garantiert richtig: Carneolstein, Alexandrit, Rosenquarzstein und Kristalle. Die über Jahrtausende gepresste und gebündelte Energie wird an ihren Träger abgegeben.

Wer sich wohl fühlt, wenn er ein Amulett als ständigen Kraftspender mit sich führt, greife zur Stärkung des

Selbstbewusstseins auf das Jupiter- und Merkuramulett in Kombination, auf das Salomonpentagramm, ein Beschützer in fast allen Lebenslagen, und auf das Liebespentagramm zurück. Man kann diese Amulette selbst herstellen, wenn man ihre Form kennt (siehe meine früheren Bücher mit genauen Anleitungen), man kann sie aber auch fertig kaufen. Wichtig bei allen Amuletten: Niemand, außer seinem Träger, darf sie berühren. Und sie müssen in einem kleinen Ritual besprochen, also eingeweiht werden. Das ist nur halb so kompliziert, wie es sich anhört: Man lege das Amulett über Nacht in Salz ein und wasche es dann in Fluss- oder Seewasser. Dann nimmt man es in die Hand und sagt ihm, was man von ihm will. »Liebes Amulett, ich möchte, dass du mein Selbstbewusstsein stärkst und dass ich endlich (oder wieder) einen Partner finde, der zu mir passt.« Sprechen Sie diesen oder einen ähnlichen Satz dreimal laut aus. Das ist alles. Die genaue Wortwahl ist nicht entscheidend, vielmehr die Intention und die Geisteskraft, die Sie beim Sprechen Ihrer Formel verwenden.

Ein sehr wichtiger Aspekt, sowohl wenn es um die Stärkung des Selbstbewusstseins als auch wenn es um eine positive Ausstrahlung auf die Umwelt geht, ist der Geruch. Den einen kann man riechen, den anderen nicht. Und das Riechen läuft ganz unbewusst ab. Es sind oft nur kleinste Nuancen, die hier entscheidend wirken, Nuancen, die wir mit unseren Sinnen gar nicht mehr wahrnehmen können. Man verwende also Love-Öl, Magic- und Power-Öl in Kombination, Goddess-Öl (weckt die Liebesgeister auf) und/oder Attraction-Öl. All diese Mischungen gibt es fertig bei der Hexe oder dem Magier

Ihres Vertrauens zu kaufen. Machen Sie einen großen Bogen um die Billigöle in den Esoterikabteilungen der Kaufhäuser. Hier wird oft nur wirkungsloser Schund angeboten, der zwar den entsprechenden Geruch einigermaßen imitieren kann, aber chemisch hergestellt ist und daher keinerlei magische Wirkung hat.

Magische Öle verwendet man nur tropfenweise. Man tupft sie an den Hals, hinter die Ohren, reibt damit die Handflächen und die Herzgegend ein. Wer zu viel des Guten tut und mit einer permanenten, fremdartig riechenden Duftwolke durchs Leben schreitet, bekommt ein neues Problem. Dafür aber immer einen freien Platz in der U-Bahn. Also bitte sparsam mit magischen Ölen umgehen. Hier gilt die Regel: Weniger ist mehr.

Mit diesen Ölen können wir auch ein kleines Ritual machen. Man räumt die Wohnung auf, hat sich zuvor eine rosafarbene Kerze besorgt (rosa als Liebesfarbe), und reibt diese Kerze mit dem Öl ein, freilich auch hier nur in homöopathischen, also niedrigsten Dosierungen. Wichtiger als die Dosierung ist, dass Sie beim Einreiben an Ihr Anliegen denken. An die gesellschaftliche Anerkennung oder Ihre Rolle im Freundeskreis, die Sie suchen, oder an den Partner, der Ihnen bislang verwehrt geblieben ist. Jedes Mal, wenn Sie die Kerze anzünden, nehmen Sie sich Zeit, begehen das Ganze ein bisschen feierlich, und konzentrieren sich auf das Neue. Fixieren Sie Ihren Wunsch in der Flamme, und zünden Sie die Kerze nur zu diesem Zweck an. Eine Kerze, der Sie magische Bedeutung geben wollen, dürfen Sie nie ausblasen, sondern müssen sie ersticken. Mit einem kleinen Becher. Oder einfach mit den Fingern. (Tut nicht weh. Wenn Sie ganz genau wissen wollen, wie man mit Kerzen, Ölen und anderen Utensilien umgeht, empfehle ich Ihnen mein Werk »Rezepte aus der Hexenküche. Magische Kräuter, Öle und Hexenwissen« (Goldmann Verlag).

Der Gipfel jeder magischen Handlung ist ein Ritual. Wobei es nicht so sehr darauf ankommt, wie genau Sie meine Anregungen aufgreifen und nachmachen, sondern einzig und allein auf die geistige Energie, die Sie bei einem Ritual aufbringen können. Jede Veränderung in Ihrem Leben beginnt im Kopf. In Ihrem eigenen. Dennoch gibt es Ritualmuster, die sich bewährt haben und die ich Ihnen gerne weitergebe. Es empfiehlt sich gerade für Anfänger, sich zunächst an diese Muster zu halten. Später dann können Sie variieren und experimentieren. Die wichtigste Grundregel: Rituale dürfen nur bei zunehmendem Mond oder bei Vollmond ausgeführt werden, nie bei abnehmendem.

Hier das klassische Ritual gegen Vereinsamung und Liebesschmerz: Sie gehen ins Freie und bauen aus Steinen einen Kreis, der Durchmesser soll ungefähr drei Meter sein. Sie tragen Salbei und Yerba Santa bei sich, außerdem haben Sie etliche Steine vorher damit eingerieben. Sie nehmen Ihre Amulette, Ihre Öle und auch, sofern vorhanden, ein Foto des bislang erfolglos angehimmelten Menschen mit in diesen Kreis. Sie bedanken sich bei Ihrem Gott oder Ihren Göttern, dass Sie dieses Ritual machen dürfen. Und nun stellen Sie sich sehr konzentriert vor, wie sich direkt über Ihnen eine Pyramide errichtet. Sie bündeln damit Ihre Energie und richten sie nach oben. Sie nehmen rechts und links je einen mit den Kräutern eingeriebenen Stein in die Hand und konzentrieren sich auf Ihre Mitmenschen. Sie schicken ihnen Energie, umarmen sie im Geist, entschuldigen sich eventuell für etwas, was schief gelaufen ist. Das ist besonders wichtig, wenn vielleicht schon eine Liebe zu einem bestimmten Menschen bestanden hat und Sie diese Liebe wieder aktivieren wollen. Dann stellen Sie sich rosafarbene Wolken vor, streicheln im Geiste diese Wolken und gehen regelrecht hinein. Das Ritual ist damit beendet.

Tipps aus der Hexenkunst sind keine Hokuspokustipps. Sie funktionieren nicht auf Knopfdruck. Sie sind allesamt darauf ausgerichtet, Ihre innere Einstellung zu fördern und zu formen. Also werden Sie nicht ungeduldig, wenn auf Anhieb nicht alles so klappt, wie Sie sich das vorstellen. Hokuspokus gibt es nur im Märchen. Es kann also durchaus sein, dass Sie ein Ritual des Öfteren wiederholen müssen, bis sich eine Wirkung einstellt.

Im schlechtesten Fall kann es passieren, dass sich jemand in Sie verliebt, von dem Sie nicht das Geringste wissen wollen. Gleich mehr darüber.

Begehrt – vom Falschen

»Keiner liebt mich. Und wenn sich dann doch endlich mal jemand für mich interessiert, ist es garantiert der Falsche. Jemand, von dem ich nicht das Geringste will. Und der mir sogar unsympathisch ist.« Wie oft habe ich in meiner Beratungstätigkeit diesen Satz schon gehört. Der Mensch bekommt nie das, was er sich wünscht. Sondern das, was das Schicksal für ihn vorbereitet hat. Oder doch nicht?

Was hat es damit auf sich, wenn ich von jemandem angehimmelt werde, der mir unsympathisch ist? Woran könnte das liegen? Die Palette der möglichen Antworten ist groß. Sie erfüllen vielleicht genau das Traumklischee Ihres Verehrers, sehen seiner früheren Frau oder seiner Mutter ähnlich, seiner Schwester vielleicht oder wem auch immer. Das muss dem Verehrer gar nicht bewusst sein; er wird es auf Nachfrage sogar mitunter abstreiten. Wie oft aber gestehen sich frisch Verliebte, dass sie sich so fühlen, als würden sie den anderen schon lange kennen. Der Verliebte meint also, dass er endlich angekommen ist.

Wie dumm, wenn seine Liebe nicht erwidert wird. Sie als Opfer seiner Begierde haben nicht den Schimmer einer Idee davon, was der andere an Ihnen entdeckt haben könnte – und wollen sich mit diesem Thema auch gar nicht befassen, schließlich ist Ihnen der andere schlicht und ergreifend unsympathisch. Sie sind froh, wenn Sie nichts mit ihm zu tun haben müssen.

Aber nun müssen Sie. Zumindest in der Form, sich seiner Avancen zu erwehren. Was oft mehr als anstrengend sein kann. Denn Verliebte können sehr hartnäckig sein. Was in diesem speziellen Fall mit Belästigung gleichzusetzen ist. Das trifft natürlich auf weibliche Verehrerinnen genauso zu. Ich habe nur der Einfachheit halber die männliche Form benutzt.

Warum gerade ich?

Es ist wohl eines der schwierigsten Aufgabengebiete überhaupt, auf die Belästigungen eines ungewollten Verehrers angemessen zu reagieren. Schließlich will man eigentlich nicht reagieren, sondern nichts weiter als seine Ruhe haben. Also den ungewollten Verehrer richtig ruppig oder gar feindselig behandeln? Ihm sagen, wie unsympathisch er ist und damit Schluss und aus? So einfach ist das nicht. Denn hier wirkt eine alte Vertreterformel: Das Verkaufsgespräch fängt erst an, wenn der andere das erste Mal Nein gesagt hat. Und: Je mehr der andere sich sträubt, umso näher liegt der Verdacht, dass er nur spielt, um sich interessanter zu machen. Neckisch sind die Pfeile Amors. Und sich ein bisschen zieren, das gehört doch dazu. Oder etwa nicht?

Sie werden also auf kurze oder lange Sicht nicht darum herumkommen, die wichtigste aller Fragen zu klären: Warum gerade ich? Warum baggert der picklige Herr

Mayer aus der Buchhaltung nicht meine Kollegin an, sondern ausgerechnet mich? Was ist es, was mich zu seinem Objekt der Begierde macht?

Das müssen Sie unbedingt rauskriegen, auf direkte oder indirekte Weise, diplomatisch oder mit dem Holzhammer. Sonst haben Sie nicht die geringste Chance, dem Problem aktiv und sinnvoll zu begegnen.

Sind es Ihre Augen, Ihr Gang, Ihre Frisur, Ihr Lächeln, Ihre Art zu telefonieren oder was sonst? Ist es die Ähnlichkeit in gewissen Punkten mit jemandem, mit dem der Verehrer positive Erfahrungen gemacht hat? Das ist es meistens. Denn mit dieser Ähnlichkeit werden gewisse Projektionen aufgebaut. Sie haben eine Nase wie seine Mutter, also schließt er daraus, dass auch andere Punkte übereinstimmen. Aber das rauszubekommen, ist ein schönes Stück Arbeit. Hier müssen Kollegen und Freunde ausgehorcht werden, hier ist Detektivarbeit angesagt.

Als genereller Tipp darf gelten: Wer sein Äußeres markant umstellt, also sich neue Kleidung und eine neue Frisur zulegt, ist in vielen Fällen schon dem Gefahrenbereich entronnen. Ganz schön viel Aufwand für einen ungeliebten Verehrer, finden Sie nicht auch? Aber Wutausbrüche wie »Noch einmal Blumen, und ich zeige Sie an!«, oder »Noch einen einzigen Brief, und ich geh zum Chef«, bringen garantiert nichts. Nur Verdruss auf beiden Seiten. Verdruss, der unter Umständen auch gefährlich werden kann.

Schließlich dürfen Sie die Verehrung eines anderen Menschen auch als Kompliment auffassen. Wobei es eigentlich egal ist, wie dieser Mensch aussieht, wie er spricht oder riecht. Zunächst geht's um ein Kompliment, das man nicht so ohne weiteres mit Füßen treten sollte.

Es gilt also, und daran führt kein Weg vorbei, das »Warum gerade ich?« herauszubekommen. Dann sind Sie handlungsfähig. Vorher nicht. Vorher sind Sie nur Opfer. Wie viele Klienten aus meiner Praxis.

Belästigung – Beispiele aus meiner Praxis

Es gibt Verehrer und Verehrerinnen, die sind nicht das, was wir uns wünschen. Manchmal reicht aber bereits ein offenes Wort oder eine schroffe Abfuhr. Dann gibt es aber jene, die sich in ihr Verliebtsein regelrecht hineinsteigern und Verhaltenszüge entwickeln, die schon als psychopathisch zu bezeichnen sind. Doch damit nicht genug: Oft werden chancenlose Verehrer zu Zeitbomben, die sich selbst und das Objekt ihrer Begierde in große Gefahr bringen können. Und von solchen Fällen hört und liest man leider immer häufiger. Auch in meiner Praxis werde ich nicht verschont davon. Im Gegenteil: Die Häufigkeit der hartnäckigen bis psychopathischen Verliebten nimmt leider drastisch zu.

So musste meine Klientin Andrea C. sieben Jahre lang unter den Werbungsversuchen einer lesbischen Verehrerin leiden, obwohl sie überhaupt kein Interesse hatte: Andrea war erstens schon gebunden und hatte zweitens nicht die geringste Absicht, ein lesbisches Abenteuer zu erleben, sie war und ist heterosexuell veranlagt. Was die wild entschlossene Eva K. gar nicht zu entmutigen schien. Sie lauerte Andrea überall auf, terrorisierte ihren

Bekanntenkreis, schickte Briefe und unzählige rote Rosen, schlief, wenn sie die Sehnsucht besonders umtrieb, im Abfallhäuschen vor Andreas Haus. Gefährlich war es für Frauen aus Andreas Bekanntenkreis, denn Eva duldete keine andere Frau in der Nähe ihrer so heiß Verehrten. Das machte sich so bemerkbar, dass Eva handgreiflich wurde, im Restaurant vor allen Leuten eine Prügelei mit einer zufälligen Begleiterin Andreas anzettelte und vieles mehr.

Der Gipfel der »Verehrung« aber war eine Drohung: »Ich werde dich und mich umbringen, damit wir im Jenseits wieder zusammenfinden können.« Und Evas Attacken steigerten sich noch weiter, traten täglich in einem neuen Gesicht auf die total entnervte Andrea zu. Die war schon der Meinung, dass es für sie in Deutschland kein Leben und Arbeiten mehr geben kann, dass sie auswandern muss, wenn sie jemals wieder Frieden finden will. Erst eine gerichtliche einstweilige Verfügung auf Grund einer Unterlassungsklage brachte Ruhe in Andreas Leben. Dennoch ist sie immer noch angespannt. Jedes Mal, wenn das Telefon klingelt und sich keiner meldet, denkt sie sofort an Eva. Und wenn sie über die Straße oder zum Einkaufen geht, schaut sie sich genau um, ob Eva nicht in der Nähe ist. Andreas Nervenkostüm hat schwer gelitten.

Bei Manuela K. lag der Fall ähnlich. Sie hatte sich als Teenager in den Diskjockey Klaus C. verliebt, himmelte ihn hemmungslos an, war die Erste, wenn die Diskothek öffnete und die Letzte bei Geschäftsschluss. Sie beobachtete den Plattenaufleger so oft wie möglich, folgte ihm sogar auf die Herrentoilette, beschimpfte andere weibliche Gäste, die mit Klaus sprachen, und sei es auch nur, um einen Plattenwunsch zu äußern. Auch sie schlief, wenn die Sehnsucht besonders stark war, in der Nähe des Angebeteten, kauerte sich in den Vorsprung vor seiner Wohnungstür. Sprach den DJ aber nie an, antwortete auch nicht auf seine Fragen, was das alles soll. Klaus war mit den Nerven fertig. Bis er endlich erschöpft in eine andere Stadt zog.

Klaus machte Karriere, bekam eine Stelle als Radiomoderator. Was eine Zeit lang gut ging. Bis er in seiner Fanpost einen Brief von Manuela fand: »Jetzt hast du es geschafft, jetzt kann ich dich sogar im Radio hören, deine Stimme gehört mir. Und deine Adresse habe ich schon rausbekommen.« Klaus bekam es mit der Angst zu tun und wandte sich an das Gesundheitsamt des für Manuela zuständigen Bezirks. Manuela ist heute noch in Behandlung, in der geschlossenen Station eines bekannten bayerischen Nervenkrankenhauses.

Ebenfalls in der geschlossenen Abteilung einer psychiatrischen Klinik im Bayerischen ist Werner B., der Exmann der Visagistin Vera B., die sich auf Grund seiner ständigen und schier unerträglichen, noch dazu unbegründeten Eifersucht von ihm getrennt hat. Werner wollte seine Frau zurückgewinnen, folgte ihr auf Schritt und Tritt, machte ihr Avancen, Vorwürfe, beschimpfte sie, flehte und bettelte sie an, je nach Tagesform. Und ließ keinen anderen Menschen in ihre Nähe, am wenigsten einen anderen Mann. Vera fand erst (vorläufig) Ruhe, als sie ihren Exmann anzeigte und einliefern ließ, so schwer ihr das auch fiel. Aber er hatte die Wohnung zertrümmert und ihre gesamte Garderobe mit Autolack besprüht. Vera sah keinen anderen Ausweg mehr. Sie ist heute noch mit den Nerven fertig, obwohl diese Geschichte schon ein paar Jahre zurückliegt.

Mit Autolack aus der Spraydose wusste auch Bernhard S. umzugehen. Er hatte sich hoffnungslos in die Regieassistentin Waltraud G. verliebt, terrorisierte sie mit nächtlichen Anrufen, schickte Briefe und Blumen, fast täglich. Waltraud war mutig, wollte den unsympathischen und lästigen Verehrer zur Rede stellen, lauerte ihm immer wieder mit ein paar kräftigen Freunden auf. Doch der Verehrer war schneller. Und wurde immer einfallsreicher. Er sprayte »I love you« auf die Hauswand, sprayte Herzchen auf das nagelneue Auto von Waltraud, machte seine Welt bunt.

Doch am buntesten trieb er es, als er einmal in ein Rockkonzert ging und ein Messer im Mantel versteckt hatte. Er wusste, dass Waltraud auf diesem Konzert sein würde, das hatte er ausspioniert. Auf einmal stand er mit gezücktem Messer auf offener Bühne; die Musiker erstarrten zu Stein und brachen den Song ab. Er erklärte, wenn Waltraud ihn nicht erhörte, würde er sich jetzt hier und vor allen Leuten umbringen. Zwei geschickte Ordner konnten Bernhard überwältigen.

Extremfälle? Alles übertrieben und nicht die Regel? Sie würden sich wundern, wie oft so etwas vorkommt. Aber eigentlich genügt ja schon der ganz »normale« Belästigungsterror, der schon in seiner üblichen Form dazu geeignet ist, einem das Leben zur Hölle zu machen. So erhält Lucy C. regelmäßig Kurznachrichten auf dem Handy, von einem unbekannten Verehrer, der ihr auch nach der Arbeit beim Auto oder vor dem Haus auflauert.

Wie die Sache ausgeht, ist noch unklar, der Fall ist noch ganz frisch. Aber Lucy hat Angst. Und das meiner Meinung nach zu Recht.

Ungewollte Verehrung hat viele Facetten, nicht nur die hier geschilderten harten Fälle. Ebenso vielseitig sind die Möglichkeiten, darauf zu reagieren. Umso wichtiger, dass Sie nie vergessen, dass Druck immer Gegendruck erzeugt und dass ungewöhnliche Maßnahmen auf der einen zweifelsohne auch ungewöhnliche Maßnahmen auf der anderen Seite provozieren werden. Deshalb ist es wichtig, nie mit Kanonen auf Spatzen zu schießen und immer auf die Verhältnismäßigkeit der Mittel zu achten. Der Schritt zur Polizei sollte daher genau überlegt sein.

Was mich betrifft, vertraue ich auf die Mittel der Hexenkunst. Sie haben sich als wirkungsvoll erwiesen.

Belästigungen: Gegensteuern mit Hexenrezepten

Wer sich einen ungeliebten Verehrer vom Hals schaffen will, für den kann es in weniger schweren Fällen schon genügen, seinen Körpergeruch zu verändern. Sie wissen ja, Sympathie und Antipathie laufen zum großen Teil über den Geruchssinn, und hier können wir ganz bewusst ansetzen.

Ein allgemeiner Schutz gegen Verfolgung jeder Art ist das Peppermint-Öl. Ein paar Tropfen hinters Ohr, auf die Handflächen und an den Hals, aber auch ins tägliche Badewasser sorgen für eine neue, starke und auch im Einzelfall abweisende Ausstrahlung.

Beim 7-African-Powers-Öl ist die Situation ähnlich. Sieben afrikanische Gottheiten schützen vor lästigen Mitmenschen, auch vor akuten Feinden. Die Anwendung ist ähnlich einfach wie beim Peppermint-Öl.

Es gibt noch mehrere Power-Öle, die alle in den graumagischen Bereich gehören. Ihr Magier und Ihre Hexe werden Sie gerne beraten. Die Grundüberlegung für solche Öle liegt auf der Hand: Sie brauchen Kraft. Hat ihr Verehrer einmal Lust an seiner Verfolgerrolle gefunden – und das geht sehr schnell, wenn er merkt, dass Sie Angst haben –, dann werden Sie Ihres Lebens nicht mehr froh. Also her mit der Kraft. Lassen Sie sich keinesfalls in die Kaninchenrolle drängen, sondern schauen Sie Ihrem Verfolger mutig ins Gesicht.

Hier noch ein kleines Ritual, das Sie ohne weiteres im Zusammenhang mit allen Ölen anwenden dürfen. Sie geben täglich fünf Tropfen Öl in Ihr Badewasser und sprechen ein kleines Gebet. Oder eine Formel – wie Sie wollen. Bei mir sieht das so aus: »Ich habe jetzt die Macht über mein eigenes Schicksal. Und niemand sonst kann darauf Einfluss nehmen, in welcher Art auch immer. Ich bin ein freier Mensch. So wahr mir die Götter helfen.« Wie gesagt, es geht nicht darum, dass Sie diese Worte genau nachsprechen, sondern einzig und allein um die Überzeugung, die in ihnen liegt. Wie jedes Gebet und jede Formel stärken sie auch in diesem Fall das Unterbewusstsein. Darum geht es.

Wird die Belästigung stärker und stärker, greifen wir zu einem Ritual, das äußerlich ein bisschen an Voodoo erinnert. Sie zeichnen eine Figur auf Pappe oder Holz. Diese Figur ist Ihr Verfolger. Sie legen neun Nägel in Power-Öl ein, lassen sie dort neun Tage lang Energie auftanken. Dann schlagen Sie jeden Tag einen dieser Nägel in die Figur, die sie schließlich in einen Fluss werfen, je reißender, desto besser.

Es ist von absoluter Wichtigkeit, dass Sie bei all Ihrem Handeln keine Aggressionen gegen Ihren Verfolger entwickeln. Ich weiß, das ist schwer, weil er Sie schon jede Menge Nerven gekostet hat. Aber wer Aggressionen aussendet, läuft Gefahr, diese auch wieder zurückzubekommen. Also stellen Sie sich vor, dass Ihr Verfolger ein armer haltloser Mensch ist, der ganz verzweifelt nach einem Partner sucht und sich nun ganz einfach vergaloppiert hat. Was ja auch stimmt. Denken Sie daran, dass Sie in Ihren Gebeten oder in Ihren Formeln dafür bitten, dass der Verfolger baldmöglichst und auf normalem Weg jemanden finden möge, der zu ihm passt und mit dem er endlich zu einer Art Beziehungsfrieden kommt.

Diese innere Haltung ist auch besonders beim nächsten Ritual wichtig, das ich für hartnäckige Fälle empfehle. Es ist ein Trennungsritual. Sie brauchen dazu Black-Art-Öl, zwei schwarze oder braune Figurenkerzen, und – ganz wichtig – mindestens ein Haar der Person, die Sie in Zukunft in Ruhe lassen soll. Dieses Haar zu beschaffen, ist besonders bei einem diffusen Verfolger nicht gerade leicht, aber Sie werden es schaffen. Der Mensch verliert jeden Tag hunderte von Haaren, auch auf der Straße. Dieses Haar legen Sie in ein Fläschchen mit Black-Art-Öl. Wobei Sie darauf aufpassen müssen, dieses Öl nicht selbst an die Haut zu bekommen. Es ist hoch wirksam, gehört in den Bereich der grauen und schwarzen Öle. Seine Wirkung ist noch nicht restlos erforscht. Sie bauen einen kleinen Altar, stellen darauf die Kerzen und das Fläschchen und ziehen darum einen Kreis mit schwarzen Steinen, am besten mit Onyxsteinen – Onyx gilt als der Trennungsstein schlechthin. Sie brennen immer wieder in kleinen Feierstunden die Kerzen ab, konzentrieren sich auf Ihren Wunsch. Nach drei Monaten werfen Sie alles, inklusive der Kerzenreste, in einen Fluss.

Wer sich unsicher ist, wie ein magisches Ritual im Einzelnen funktioniert, schaut bitte in meinem Buch »Weiße Magie, Schwarze Magie, Satanismus« (Goldmann Verlag) nach, dort wird alles bis ins kleinste Detail beschrieben. Ich darf trotzdem noch einmal darauf hinweisen, dass es keinesfalls um kleinkarierte Ritualgebrauchsanweisungen geht, sondern stets und immer wieder um die Konzentrationskraft, die Sie bei Ihren Handlungen aufbringen.

Den wichtigsten Punkt dieses Kapitels möchte ich auf Grund seiner großen Bedeutung wiederholen: Wer seinen Verehrer verflucht, verwünscht, zum Teufel jagen möchte, sich ihm gegenüber irgendwie aggressiv verhält, läuft Gefahr, dass sich all diese bösen Wünsche und Flüche umdrehen und sich gegen Sie selbst richten. Also Vorsicht.

Zurückgewiesene Liebe

Ist heute nicht ein wunderbarer Tag? Das Wetter lässt zwar stark zu wünschen übrig, und das Finanzamt hat mir gerade die zweite Mahnung geschickt, meine Katze hat Grippe und die Nachbarin hat mir einen bitterbösen Brief geschrieben, weil mein Hund angeblich zu laut bellt, aber es ist einfach ein wunderbarer Tag! Der schönste Tag überhaupt! Denn heute sehe ich ihn oder sie! Endlich! Ich freue mich schon riesig darauf. Ich hab mich etwas parfümiert, besonders schön angezogen, die Haare zurechtgemacht. Und ich habe mir genau überlegt, was ich sagen werde, wenn er oder sie mir endlich gegenübersteht. Ganz tolle Sprüche habe ich mir zurechtgelegt, damit werde ich bestimmt Eindruck schinden. Den Tonfall habe ich geübt, und den Blick vor dem Spiegel einstudiert, und überhaupt – Hilfe, ich bin verliebt! Ist das Leben nicht ein Gottesgeschenk!?!

Wenn wir verliebt sind, so sagt der Volksmund, sehen wir das Leben durch eine rosarote Brille. Oder wir schweben auf einer rosaroten Wolke. Oder erleben sonst irgendetwas Rosarotes. Nicht umsonst gilt Rosa als Farbe der Liebenden.

Das Herz rast, wir bekommen feuchte Hände, und wenn uns dann endlich der oder die Angebetete gegenübersteht, ist von unserem eingeübten Blick und unseren vorbereiteten Sprüchen nicht mehr viel übrig. Verdammt, schon wieder verhaspelt. Schon wieder zu schnell oder zu langsam gesprochen, schon wieder zu laut oder zu leise gelacht und schon wieder die falschen Klamotten zu den noch falscheren Schuhen angezogen. Himmel hilf, ich bin verliebt!

Wenn alles so läuft, wie es laufen soll, reagiert der andere auf meine Signale, erwidert sie früher oder später vielleicht sogar, und wir werden ein Paar.

Aber wenn die Katastrophe der Katastrophen eintrifft, dann stellt sich nach einer kurzen Zeit des Werbens heraus, dass alles vergebens war. Der andere will nichts von mir wissen. Ich habe mich blamiert, ich bin todunglücklich, ich will sterben. Das Leben ist ein Jammertal!

Woran könnte es liegen?

Wenn das Ziel meiner Sehnsucht all mein Werben schnöde verschmäht, so kann das viele Gründe haben. Gründe, die man im Strudel der Gefühle gar nicht so recht zu orten weiß. Und weil im Fall der verschmähten Liebe noch Aspekte wie Peinlichkeit und verletzter Stolz zum Tragen kommen, ist es immer ratsam, sich mit einer außen stehenden Person zu besprechen. Am besten mit einem Freund oder einer Freundin, es kann aber auch ein Profi sein, vielleicht ein Therapeut oder Lebensberater. Wichtig ist, dass Sie zu der betreffenden Person absolutes Vertrauen haben und sich rücksichtslose Ehrlichkeit erlauben. Wenn Sie den anderen und damit auch sich selbst belügen, werden das Chaos und die Verletzung über die Zurückweisung nur noch größer.

Wer niemanden hat, dem er sich anvertrauen kann oder möchte, der sollte nach einer Checkliste die möglichen Punkte für die Zurückweisung Ihrer angebotenen Liebe – oder sagen wir besser Verliebtheit – durchgehen und überprüfen. So ein Verfahren ist besonders dann effizient, wenn Sie es schriftlich machen. Denn damit schaffen Sie Abstand zwischen sich selbst und Ihrem Problem, können ein bisschen objektiver sehen.

Kann es an Äußerlichkeiten liegen? Sie haben braune Haare und erfahren, dass der Angebetete nur auf Blond steht? Vergessen Sie ihn so schnell wie möglich. Eine Beziehung, die auf Äußerlichkeiten basiert, ist nichts wert.

Kann es daran liegen, dass der andere bereits gebunden ist und seine bestehende Beziehung nicht gefährden will? Dann kann man der Ansicht sein, dass es in der Liebe und im Krieg keine Spielregeln gibt und dass man dennoch sein Glück weiterhin versuchen sollte. Denn wenn die bestehende Beziehung fest ist, kann ja nichts passieren. Und wenn nicht, dann wird es ohnehin höchste Zeit, dass sie ein Ende findet, oder? Es gibt aber auch den Standpunkt, dass man bestehende Beziehungen und Ehen respektieren soll und dass Menschen, die in einer solchen leben, für Flirts und Versuchungen jeder Art tabu sind. Das müssen Sie mit Ihren eigenen moralischen Maßstäben entscheiden. Ich werde mich hüten, hier die Sittenwächterin spielen zu wollen.

Was heutzutage immer häufiger vorkommt: Der andere will gar keine Beziehung, welcher Art auch immer. Er oder sie hat eine eigene Lebensplanung, in der Zweisamkeit keinen Platz hat. Oder aber es liegen schlechte Erfahrungen mit alten Beziehungen zugrunde, die den Aufbau einer neuen verhindern. In diesem Fall müssen Sie ganz behutsam vorgehen, den anderen auf keinen Fall überfahren oder überrumpeln. Und mit Diskussionen zu diesem Thema kommen Sie garantiert nicht weiter.

Nicht beantwortete Flirtsignale können noch einen ganz anderen Grund haben. Einen, der auf den ersten Blick irgendwie witzig und fast schon ironisch wirkt, aber in der täglichen Praxis erstens viel häufiger vorkommt, als man allgemein weiß, und zweitens ganz schön tragisch sein kann: eine Frau baggert einen Mann an, immer mehr und immer verzweifelter, bis endlich, auf welchem Weg auch immer, herauskommt, dass der Mann homosexuell ist. Es sind oft die Schwulen, die es sich auf Grund ihrer Veranlagung gar nicht vorstellen können, eine Frau machohaft zu behandeln, die also besonders verständig und galant sind. Kein Wunder, dass es in solchen Freundschaften manchmal funkt, wenn auch nur einseitig. Dann stehen die Frauen heulend bei mir im Hexenladen, bitten um Rituale und Sonstiges, um den Mann »umzudrehen«, ihn zu »heilen«, weil sie davon ausgehen, dass Homosexualität eine Krankheit ist. Ich kann dann immer nur den Kopf schütteln und einen kurzen Basisvortrag über schwule Veranlagungen halten, immer wieder erstaunt darüber, wie wenig manche Menschen in unserer aufgeklärten Zeit über Homosexualität wissen. Als Regel gilt: Schwamm drüber, aus so einer Beziehung kann auf Grund biologisch vorgegebener Fakten nichts werden. Aber besser eine schöne Freundschaft als eine unglückliche Liebe oder etwa nicht?

Der einfachste und häufigste Grund für zurückgewiesene Avancen aber ist der: Sie beide passen einfach nicht zusammen, warum auch immer. Das sind Einschätzungen, die im Unterbewusstsein passieren, die mit Geruch, Bewegung, Ähnlichkeiten mit anderen geliebten Menschen, mit Stimme, Körpersprache und vielem mehr zu tun haben. Die Summe aus allem entscheidet, ob es auf beiden Seiten funken kann. Und nur weil Sie sich jetzt einbilden, Sie müssten den anderen rumkriegen, muss der nicht damit aufhören, auf seine innere Stimme zu hören. Er wäre sogar sträflich leichtsinnig,wenn er das tun würde. Also akzeptieren Sie seine Entscheidung, auch wenn Sie Ihnen nicht gelegen kommt.

Typisches Fehlverhalten

Wer zurückgewiesen wird, empfindet das oft als persönliche Geringschätzung, als Verletzung. Daher ist der klassische Fehler, der in einer solchen Situation immer wieder gemacht wird, dass man zurückverletzt. Wie du mir, so ich dir. Dabei wollte doch der andere gar nicht verletzen, er hat bloß Nein zu einem Angebot gesagt. Und das ist doch sein gutes Recht, oder etwa nicht?

Was verletzt ist, das ist aber weder die Liebe noch die Sympathie, sondern schlicht ergreifend und egoistisch der Stolz. Ich habe mich bemüht um den anderen, habe etwas von meinem Inneren preisgegeben, und der andere weiß es nicht zu schätzen. Zur Hölle mit ihm! Wer so denkt, wird selbst früher oder später in der Hölle landen.

Denn wer Verliebtheit mit »Habenwollen« gleichsetzt, mit Besitzgier und Sieg über einen Gegner, der begibt sich auf einen Kriegsschauplatz. Und das ist ein Feld, auf dem es nicht mehr um Harmonie, Lust und Liebe geht, sondern um Eroberungen, Siege und Niederlagen. Prüfen Sie genau, um was es Ihnen geht. Und ziehen Sie daraus Ihre Schlüsse.

Wer im Fall der negativen Antwort auf seine Verliebtheitsbekundungen mit vermehrten Anstrengungen reagiert, muss dies sehr vorsichtig dosiert tun. Zu schnell ist die Grenze zur Belästigung überschritten. Und die Chance, dass man sich verrennt, wird immer größer. Im Nu ist es passiert, dass Sie selbst zu einer jener Belästigungen werden, die ich im zweiten Kapitel beschrieben habe. Und damit sind Sie für alle Zeiten aus dem Rennen.

Egoismus als Triebfeder kann sich im Extremfall in eine gefährliche Krankheit verwandeln: »Wenn ich ihn schon nicht haben kann, dann soll ihn auch keine andere bekommen!« Wie oft habe ich Derartiges schon in meiner Praxis gehört. Auch von Menschen, die auf den ersten Blick durchaus verständig und gebildet gewirkt haben. Sie werden auf einmal zum »reißenden Tier«.

Man kann die reißende und negative Kraft aber auch gegen sich selbst richten: Traurigkeit, Verzweiflung, Depressionen, Selbstmordversuch. Letzteres oft im Hinblick darauf, dass der oder die Angebetete sich bitteschön möglichst schuldig fühlen soll, weil er oder sie schließlich daran schuld ist, dass es zu diesem Drama kommen musste. Und sich vielleicht doch noch eines

Besseren besinnt, sich Ihnen also zuwendet. Und wenn sie nicht gestorben sind, dann leben sie noch heute. Was für ein Humbug! Selbst wenn so ein Erpressungsversuch klappen sollte, so hält die neue Beziehung nur für kürzeste Zeit. Denn sie ist nie und nimmer auf Liebe aufgebaut, sondern auf Mitleid. Und das ist wahrlich der schlechteste Klebstoff für eine Zweisamkeit. Nichts nutzt sich schneller ab als Mitleid. Und der Erpressungsversuch wird in Kürze als solcher erkannt und Ihnen wohlverdient um die Ohren gehauen.

Das klingt alles sehr einsichtig und logisch, das weiß ich, zumindest für diejenigen, die gerade nicht unglücklich verliebt sind. Wer es aber ist, reagiert oft blind vor Schmerz, macht den größten Unsinn. Daher vorhin meine Empfehlung, sich jemanden zur Aussprache zu suchen, der den Mut hat, Ihnen auch unangenehme Wahrheiten zu sagen. Vier Augen sehen mehr als zwei. Zumal Ihre eigenen beiden im Moment ziemlich in der Sicht getrübt sind.

Es bleibt Ihnen daher tatsächlich nichts anderes übrig, als die Realitäten so zu akzeptieren, wie sie sind. Wer trotzdem nicht aufgeben will und kann, sich also weiter um das Objekt seiner Begierde bemühen will, kann mit ein paar kleinen Hilfsmitteln aus der Hexenzauberkiste dezent (!) nachhelfen. Einen Versuch ist es vielleicht wert. Aber nur dann, wenn die Reaktionen des anderen nicht feindselig waren und noch etwas Spielraum offen ließen.

Gehen wir davon aus, dass noch nicht alles verloren ist, dass Ihr Werben noch eine Chance hat. Das empfinden nicht nur Sie persönlich so, sondern auch und vor allem Ihr Berater. Es gab also noch keine hässlichen und peinlichen Szenen, und der Mensch, in den Sie verliebt sind, fühlt sich weder bedrängt noch belästigt. Er steht nur auf dem Schlauch, denn er oder sie hat Ihr Werben noch nicht mal bemerkt. Oder ist sich noch nicht ganz sicher, dass um ihn geworben wird und will sich die Sache noch etwas genauer anschauen.

Die erste und wichtigste Regel: Geduld und nochmals Geduld. Gut Ding will Weile haben. Das Schlimmste, was passieren kann, ist, dass sich der oder die Angebetete überrumpelt fühlt. Gerade Männer haben es gern, wenn sie die Fäden in der Hand haben, das verlangt ihr Selbstwertgefühl als Mann. Vor all zu aktiven Frauen haben sie oft Angst. Das ist traurig, aber wahr. Eine Diskussion über Emanzipation hat aber in solchen Fällen genauso wenig Sinn, als wollten Sie dem Papst die heilige Jungfrau Maria ausreden.

Wichtig ist es, wenn erste Amorpfeile ins Leere gingen, von diesem Mittel zunächst abzusehen und eine allgemeine Vertrautheit herzustellen, also die Bekanntschaft zu vertiefen, eine Art Nähe und vielleicht sogar eine Freundschaft aufzubauen.

Zur Unterstützung und Vertiefung der Sympathiebasis können Sie ein paar kleine Hilfsmittel einsetzen. Wir Hexen greifen in solchen Fällen immer gern auf Öle zurück, die in der bereits beschriebenen Form auf den

Körper aufgetragen oder dem Badewasser zugefügt werden. Nie war es wichtiger als gerade in diesem speziellen Fall, dass Sie mit diesen Ölen äußerst sparsam umgehen. Denn nimmt der Angebetete einen penetranten neuen Geruch wahr, wird er erneut mit Ablehnung reagieren.

Zur Werbung empfehlen sich folgende Ölmischungen: Come to me, Jezabel, Love me, Attraction und Magic. Man kann sie durchaus mischen und Ihren persönlichen Geruchsvorlieben anpassen, aber das sollten Sie nicht alleine tun. Eine Hexe oder ein Magier sollte Ihnen dabei behilflich sein. Finden Sie in aller Ruhe heraus, was Ihnen gut tut. Die für Sie persönlich gestaltete Mischung soll vor allem und in erster Linie Ihnen selbst gefallen. Sie werden mehr Selbstbewusstsein und Stärke dadurch gewinnen.

Allerdings schadet es nicht, wenn die von Ihnen verehrte Person gewisse bewusste oder unbewusste Geruchsvorlieben hat, die Sie in Erfahrung bringen konnten, und die Sie berücksichtigen können. Und wenn Sie zufällig wissen, dass er oder sie ausgerechnet auf Rosenduft allergisch reagiert, lässt es sich bestimmt einrichten, bei der Komposition Ihres privaten Öls auf diese Komponente zu verzichten.

Mit Ölen kann man auch kleine Kerzenrituale veranstalten. Eine rosafarbene Kerze, von der Mitte aus nach oben und dann nach unten mit dem Öl eingerieben, unterstützt die Konzentration und hilft bei der Fixierung Ihres Ziels.

Die mächtigste Energie, die wir haben, ist die Energie der Liebe. Kräuter, Kerzen und Öle können dabei behilflich sein, diese Energie noch zu verstärken. Es ist aber mehr als gefährlich, besonders für Sie selbst, diese Energie unter dem Vorzeichen des Egoismus einzusetzen. Ihre Gebete und Formeln dürfen also nie heißen »Ich muss ihn/sie haben, koste es, was es wolle«, sondern immer »Er/Sie soll sich bitte frei für mich entscheiden. Ich respektiere den anderen als freien Menschen mit eigenem Willen«. Und wenn gar nichts mehr geht, muss man auch die Größe haben, den anderen mit den besten Wünschen und mit vielem Dank für alles, und waren es auch nur schöne Träume, von dannen ziehen zu lassen.

Julia B., eine fesche Brasilianerin und Klientin aus meiner Praxis, wollte es einfach nicht akzeptieren, dass der von ihr Angehimmelte sie nur als guten Kumpel ansah und keine weiteren Ambitionen entwickelte. Sie verwandte jede Menge lateinamerikanische Öle, machte auch Rituale, hat aber schließlich ihren Traummann damit nur verschreckt. Es blieb bei Ausflügen, Restaurant- und Kinobesuchen, bis Julia genervt aufgab. Man trennte sich schließlich mit dem Vorsatz, »gute Freunde« bleiben zu wollen. Ob's funktioniert hat, weiß ich nicht. Das »Freundebleiben« ist ohnehin eine der schwersten Übungen. Aber davon später.

Simone L. aus Norddeutschland hat es trotz einer schwierigen Phase in ihrem Liebesleben geschafft. Ihr Freund, mit dem sie über ein Jahr zusammen war, hatte sie verlassen und war ausgerechnet zu ihrer besten Freundin übergelaufen. Gleich zwei Verluste auf einmal – so sah es zumindest zeitweise aus. Bis Simone sich neu verliebt hat. Nach einer kurzen Zeit raufte sie sich mit ihrer Freundin wieder zusammen, ebenso mit ihrem Ex, und auch der Neue findet die beiden nett. Also Happy End zu viert, ein Glücksfall. Die Basis dazu kam von geschickt eingesetzten Ölen im richtigen Moment.

Von der Freundschaft zur Beziehung und umgekehrt

Manchmal kommt es vor, dass alte Freunde plötzlich in eine neue Situation hineingestoßen werden. Seien es die Sternenkonstellationen, die ihren Anteil daran haben können, oder konkrete Lebensumstände, oder auch »nur« das ständige Zusammensein als Freunde, vielleicht vom Sandkasten an, das Nähe und Vertrautheit schafft. Auf einmal ist es passiert: Einer der Freunde verliebt sich in den anderen, im besten Fall verlieben sich gleich beide ineinander.

In der Tat ist eine Freundschaft die beste Basis für eine Beziehung. Das gilt grundsätzlich. Doch genauso gilt, dass ab dem gewissen Zeitpunkt, an dem es Zoom gemacht hat und alles ganz anders ist, das Verhältnis von zwei Menschen neu definiert werden muss. Es kann nur noch sehr bedingt auf der alten Vertrautheit aufgebaut werden – man hat zusammen Neuland betreten. Ist also wieder im Anfängerstatus. Und damit unzähligen Gefahren ausgesetzt. Während früher klar war, wie weit man gehen will und darf, beginnen die beiden ehemaligen Freunde nun einen neuen Lebensabschnitt. Sie treten in eine Welt, in der Faktoren wie besitzen wollen, eifersüchtig sein, sich gegenseitig auch mal auf die Nerven gehen und vieles mehr eine Rolle spielen. Faktoren, die man bislang in dieser Art miteinander noch nie erlebt hat. Oft scheitern solche Beziehungen und aus der ehemaligen Freundschaft wird Hass. Was eigentlich überhaupt nicht einzusehen ist, aber dennoch oft genug passiert.

Solchen Paaren empfehle ich daher dringend gemeinsame Meditationen, auch kombiniert mit gemeinsamen Entspannungsbädern in Baldrian- und Salbeiwasser. Die Partner sollen sich gegenübersitzen, sich einfach nur anschauen und aufeinander konzentrieren. Mit den besten Wünschen und Projektionen, jeweils für den anderen, nie für sich selbst. Und mit der Bitte um Kraft, mit der neuen Situation fertig zu werden. Einer Situation, die ganz schön aufwühlend sein kann.

Beziehungen zwischen ehemaligen guten Freunden haben leider viel zu viele Stolpersteine auf ihrem Weg, um auf Dauer reibungslos funktionieren zu können. Das ist zumindest meine Erfahrung. Ich habe daher Verständnis für alle, die den gewissen Schritt lieber nicht wagen.

Umgekehrt sollte eine Freundschaft zwischen Ex und Ex aber machbar sein, zumindest zwischen vernunftbegabten Menschen. Schließlich hat man sich früher geliebt, was sollte also der Freundschaft im Wege stehen? Voraussetzung dafür ist, dass man sich im Fall der Trennung fair und rücksichtsvoll verhält, dass man stets aufeinander aufpasst und sich nie absichtlich verletzt. Die Trennung, die meist von einem der beiden Partner ausgeht, ist schon Verletzung genug. Es gibt also keinen Grund, da noch etwas draufzusetzen. An einer Trennung ist nie einer allein schuld – sofern man in so einem Fall überhaupt das Wort Schuld in den Mund nehmen darf.

Trennung, egal, ob von einer Vision bzw. von einer Verliebtheitsprojektion oder von einem realen Partner, ist grundsätzlich eine anstrengende Angelegenheit. Oft kann der Verlust eines Traumes, das Nicht-erhört-Werden, viel schmerzvoller sein als eine reale Trennung, die unterm Strich gesehen manchmal auch als Erlösung oder Befreiung begriffen werden kann.

In beiden Fällen aber haben die Betroffenen eine anstrengende Lebensphase hinter sich. Egal, ob unglücklich und unerhört verliebt oder aus dem mir nichts dir nichts unerwartet wieder solo. Eine Entspannungs- und Erholungsphase steht an. Hexenrezepte können dabei helfen.

Hexenrezepte zur Erholung von zurückgewiesener Liebe

Wer sich rettungslos in jemanden verliebt und alle möglichen Anstrengungen unternommen hat, diesen Menschen zu erobern, dabei aber erfolglos blieb, wird sich irgendwann sehr erschöpft fühlen. Das hat damit zu tun, dass der Stoffwechsel in Verliebtheitsphasen viel schneller verbrennt, dass man in einer anderen Welt lebt, in einer Scheinwelt gar, in der man sich das Zusammensein mit dem anderen schon bildlich vorgestellt hat. Nicht umsonst nehmen viele Menschen in der Verliebtheitsphase etliche Pfunde ab. Sie bemerken im rosaroten Stadium den Kraftaufwand gar nicht, sind begeistert bei der Sache. Wie ein Sportler, der bei der Ausübung seines Hobbys die Anstrengung kaum registriert, sich regelrecht beflügelt fühlt und erst tags drauf feststellt, dass er sich überanstrengt hat, unter Muskelkater leidet oder sich gar verletzt hat. Auch das ist ein typisches Beispiel vom Sieg der Geisteskraft über den Körper.

Für den, der sich vergeblich um einen anderen Menschen bemüht hat, kommt noch ein wesentlicher Punkt dazu: die Blamage. Und damit meine ich nicht in erster Linie die verlorene »Schlacht«, die vielleicht jemand anderes mitgekriegt haben könnte, sondern vor allem die Blamage vor sich selbst: Ich habe mir ein Ziel gesteckt und es nicht erreicht. Ich habe versagt; ich bin nichts wert; keiner liebt mich.

Ein ähnliches, wenn nicht dasselbe Gefühl stellt sich ein nach einer gescheiterten Beziehung. In beiden Fällen kommt der vergeblich Liebende zu einem Punkt, an dem er einsieht, dass nichts mehr geht, dass er verloren hat. Erschöpfung, Enttäuschung und Versagensgefühle greifen ineinander und richten in unserer Seele eine niederschmetternde Mischung an.

Natürlich stimmt die alte chauvinistische Spielregel nicht, dass die beste Medizin für eine verlorene Liebe eine neue Beziehung ist. Wer sich aus Gründen der Ablenkung oder auch aus Gründen einer diffusen Rachelust sofort in eine neue Beziehung stürzt, ohne die verschmähte oder alte verarbeitet zu haben, schiebt die Verarbeitung nur vor sich her. Denn so funktioniert das nicht: Das Problem kommt wie ein gefährlicher Bumerang irgendwann zurück und fordert Trauerarbeit ein. Ganz abgesehen davon, dass man bei derartigem Verhalten jemand Dritten – den neuen Beziehungspartner – mit hineinzieht und unnötig verletzt. Und damit wieder neue Probleme schafft.

Es ist also sehr wichtig, nach einer Verliebtheit ins Leere oder nach dem Ende einer Beziehung eine Pause des Nachdenkens und der Erholung einzulegen. Wobei ich unter Pause eine Aktivpause verstehe, eine Auszeit, in der man aktiv an sich arbeiten soll und muss.

Dabei sind äußere Kleinigkeiten schon sehr hilfreich. Kleinigkeiten, die nichts mit Hexenwissen zu tun haben, sich aber bewährt haben. Eine neue Frisur wäre nicht schlecht, vielleicht sogar eine neue Haarfarbe, neue Kleidung, neue Kontakte und Freundschaften, neue Aktivitäten ganz allgemein. Wollten Sie nicht immer schon mal das Tennisspielen lernen? Oder haben Sie sich nicht sowieso schon lange vorgenommen, in einer Umweltschutzgruppe aktiv zu werden? Jetzt ist die Zeit dafür. Das Schlimmste, was Sie machen können, ist sich zu verkriechen. Sie werden in Selbstmitleid versinken und laufen Gefahr, depressiv zu werden.

Sinnvoll ist auch die Änderung der Umgebung. Wenn Sie mit Ihrem Partner zusammengewohnt haben, empfiehlt es sich, alles aus der Wohnung zu entfernen, was an ihn erinnert. Sie heben diese Sachen bei einer Freundin oder einem Freund auf und ziehen sie später hervor, wenn Sie mit Abstand und Gelassenheit sich dem Thema stellen können und wollen.

Nun räumen Sie die Wohnung radikal um. Neue Raumaufteilung, neue Bilder, neue Vorhänge, vielleicht sogar neue Tapeten. Oder wenigstens die alten Bilder an neue Stellen hängen und die Sitzgarnitur ganz anders aufstellen. Sie signalisieren damit Ihrer Seele, dass jetzt ein neuer Abschnitt begonnen hat und dass Sie diesen neuen Abschnitt auch akzeptieren. Dass es immer wieder Rückfälle ins Jammertal gibt, ist natürlich und verständlich. Aber die Jammerzeit darf nicht überhand nehmen; sie muss sich nach und nach reduzieren, sonst machen Sie etwas falsch.

Auch eine kleine Räucherung aus Salbei und Rosmarin ist grundsätzlich eine feine Sache, denn Sie vertreiben damit negative Energien aus Ihrer Umgebung. Sie können diese Räucherung jede Woche machen. Eine Generalreinigung der Wohnung stand doch ohnehin an, oder etwa nicht? Brauen Sie sich aus Yellow Dog, das ist eine Baumrinde, die Sie im Hexenladen bekommen, einen Sud und fügen Sie diesen Sud in verträglichen Dosierungen dem Putzwasser bei. Gehen Sie zu Ihrem Magier oder zu Ihrer Hexe, dort werden Sie informiert, wie viel Sie davon für welche Wohnungsgröße brauchen.

Erholungs- und Meditationsbäder mit Salbei, Thymian, Majoran und Rosmarin tun auch immer gut. Dem Bad sollte eine Reinigung mit Kokosmilch vorausgehen. Denken Sie dabei an die Ex oder den Unerreichbaren, lassen Sie ihn in Frieden ziehen und werfen Sie ihm keine bösen Gedanken hinterher. Stellen Sie sich vor, wie Sie ihm oder ihr »Tschüss, bis demnächst« zurufen, so, als würde er gerade zum Einkaufen gehen. Irgendwann treffen Sie sich dann vielleicht unter positiveren Vorzeichen wieder, und es kann eine Freundschaft entstehen.

Wenn Sie allerdings bemerken, dass Ihnen diese Meditationsbäder oder schon allein die Gedanken an den Verflossenen oder nie Erreichten nicht gut tun, wenn Sie mehr Schmerz als Erholung empfinden, dann beenden Sie diese Prozedur sofort und versuchen es anders, mit Ölen zum Beispiel. Öle, die Sie in der gewohnten und vorsichtig dosierten Weise direkt auf den Körper auftragen. Hier empfehle ich die Mischungen aus Healing-Öl, Forget-Me- und Peace-Öl. Die regelmäßige Anwendung wird Ihnen Ausgeglichenheit und Abstand bringen, da bin ich mir ganz sicher.

Sie können die zentralen Heilkräuter für diese Fälle auch direkt am Körper tragen. Nähen Sie sich aus Stoff ein kleines Beutelchen, wobei es egal ist, ob es oben geschlossen ist oder sich zuziehen lässt, darauf kommt es nicht an. Auf die Farbe allerdings schon: Es sollte sich um blauen Stoff handeln, denn die Farbe Blau wirkt beruhigend und geistig erfrischend zugleich. Man trägt dieses Beutelchen in Brusthöhe um den Hals, oder man legt es sich neben oder unter das Kopfkissen. Sie verstärken die Wirkung der Kräuter, wenn Sie jede Woche sieben Tropfen Bergamotte- oder Forget-Me-Öl darauf träufeln.

Bei all diesen Handlungen geht es schon in der Vorbereitungsphase – wie immer – um die Geisteskraft, die Sie dabei investieren. Achten Sie also grundsätzlich darauf, dass Sie keine Wut empfinden, wenn Sie Bäder, Ölungen oder auch Rituale unternehmen.

Ein sehr wirksames Ritual ist: Sie bauen sich einen kleinen Altar mit zwei braunen Figurenkerzen auf, die eine dieser Kerzen symbolisiert Sie, die andere das verlorene oder nie erreichte Objekt der Liebe. Um die Kerzen herum drapieren Sie einen kleinen Kreis mit schwarzen Steinen, beträufeln vorher die Steine mit Peace-Öl. Auch die Kerzen können Sie, stets von der Mitte aus erst nach oben, dann nach unten, mit Peace- oder Forget-Me-Öl einreiben. Wenn Sie Fotos des Ex oder der nie Erreichten haben, legen Sie sie alle in den Kreis. In einem kleinen Gebet verabschieden Sie sich von ihm. Das Gebet könnte ungefähr so lauten: »Ich danke dir für alles, was wir Schönes miteinander erlebt haben. Warum es jetzt nicht mehr weitergeht, sehen wir vielleicht erst in ein paar Jahren realistisch. Aber ich lasse dich in Frieden ziehen. Und sollte ich was Böses gesagt oder gedacht haben, so war es nur der Trennungsschmerz, nicht die böse Absicht. Ich bitte dich dafür um Verzeihung. Und nun viel Glück auf deinen weiteren Wegen.« Oder: »Schade, dass aus uns beiden nichts geworden ist. Aber ich akzeptiere deine freie Entscheidung, weil ich will, dass du als freier Mensch glücklich bist. Ich danke dir trotzdem, dass ich dich kennen gelernt habe. Ziehe in Frieden weiter und finde den Partner, der zu dir passt.« Es ist auch hier nicht wichtig, dass Sie diese Formeln wortwörtlich nachsprechen. Ihre eigenen Worte können Ihre geistige Haltung oft viel besser ausdrücken und manifestieren.

Wenn es irgendetwas in Ihrer Nähe gibt, das Sie schmerzhaft an die geliebte Person erinnert, so legen Sie auch dies in den Kreis. Vielleicht ein Teddybär oder ein Schmuckstück. Wenn die Kerzen abgebrannt sind, packen Sie alles in ein blaues Tuch oder in eine blaue Schachtel, inklusive der Kerzenreste, und vergraben es unter einem Baum. Das Tuch oder die Schachtel haben Sie zuvor mit sieben Tropfen Forget-Me-Öl beträufelt. Nun sind Sie frei.

Nach und nach kann sich jetzt der Erholungseffekt einstellen. Wenn Sie merken, dass Ihnen die Gedanken an diese Geschichte nicht mehr wehtun, können Sie sich erneut auf Partnersuche machen. Aber wirklich erst dann.

Wenn Sie merken, dass Sie in all diesen Punkten, die in diesem Kapitel bislang besprochen worden sind, trotz größter Anstrengungen und trotz gewissenhafter Befolgung meiner Tipps nicht weitergekommen sind, wenn die Herzschmerzen einfach nicht erträglicher werden wollen, dann fahren wir stärkere Geschütze auf. Wir beschäftigen uns dann mit Voodoo. Und zwar mit der Voodoo-Art, die in und um New Orleans heimisch ist und sich für solche Fälle besonders eignet. Was es damit auf sich hat, verrate ich Ihnen im nächsten Kapitel.

Mit Rezepten aus dem New-Orleans-Voodoo gegen Liebesprobleme

Nachdem wir uns im letzten Kapitel ausführlich damit auseinander gesetzt haben, wie wir uns im Fall einer anstehenden Trennung zu verhalten haben, so möchte ich dieses Kapitel mit der angenehmeren Seite der Liebe beginnen, und zwar mit der Anbandelphase. Die, wir wissen es genau, nicht immer so einfach und problemlos ist, wie das neckische Wort »anbandeln« vermuten lässt.

Sie haben bereits alles versucht, alle möglichen Öle aufgetragen oder ins Badewasser getan, mit rosafarbenen Kerzen Rituale gemacht und vieles mehr, und es hat sich bislang noch kein Erfolg eingestellt. Ihr Werben blieb erfolglos.

Eine der stärksten Waffen – ich verwende dieses Wort nur ungern, aber hier trifft es zu – ist die Kunst des Voodoo, gerade, wenn es um Liebesprobleme geht.

Natürlich denkt beim Wort Voodoo Otto Normalverbraucher fast automatisch an unheimliche Priester, die in böser Absicht spitze Nadeln in kleine Püppchen stechen, um jemandem zu schaden. Was zwar vorgekommen sein mag, aber bestimmt die Ausnahme ist. Voodoo heißt wortwörtlich nichts anderes als »Gott« oder »Geist«, manchmal auch »gut«, und sollte zunächst positiv oder zumindest wertfrei verstanden werden. Da man bei Voodoo zweifellos manipuliert und eingreift in das Schicksal eines anderen, da also der Faktor Macht im Spiel ist, handelt es sich um graue Magie – die von Fall zu Fall durch und durch weiß sein kann, in anderen Fällen aber auch durch und durch schwarz. Nämlich dann, wenn man jemandem schaden möchte. Solche schwarzen Voodoo-Rezepte werde ich nur bedingt bekannt machen, damit kein Unsinn damit geschieht.

Voodoo ist in grauen Urzeiten entstanden, erlebte aber eine besondere Blüte zur Zeit der Sklavenhändler, im westafrikanischen Gebiet von Sierra Leone bis Ghana ungefähr, und ist von dort aus mit den Sklaven in alle Welt exportiert worden. Dabei haben sich bestimmte Varianten entwickelt. Die Voodoo-Religion hat nämlich schon immer alles aufgesaugt, was sie an individuellem kulturellem Erbe vorfand, hat sich sogar mit den Heiligen des Christentums arrangiert. Die natürliche Abänderung gewisser Rituale und Amulette hat aber auch damit zu tun, dass von Land zu Land verschiedene Ressourcen zur Verfügung stehen, dass man nicht immer die Pflanze oder das Öl vorfindet, das vom Originalritual verlangt wird. So entstanden zahlreiche Mischformen und Varianten des Voodoo. Eine der bekanntesten ist zweifellos die Spielart des New-Orleans-

Voodoo, von afrikanischen Sklaven ins Mississippidelta gebracht.

Wenn ich jetzt New-Orleans-Voodoo vorstelle, so hat das nicht nur den Grund, dass ich die Gegend lieb gewonnen und dort auch Freunde habe. Es ist vielmehr so, dass diese Variante des Voodoo als eine der wirksamsten überhaupt gilt und nach meiner persönlichen Erfahrung auch ist. Mit anderen Spielarten wie Macumba (Lateinamerika, hauptsächlich Brasilien), Yoruba und Santeria (Karibik, hauptsächlich Kuba) habe ich bislang noch nicht so engen Kontakt gehabt.

Aber jetzt zur praktischen Seite des Ganzen. Der Einstieg ist harmlos und lecker, denn wir backen einen *Liebeskuchen.* Wie Sie aus meinem vorigen Buch wissen, ist es nicht egal, was man isst, und Sie wissen auch, dass man mit Speisen und Gewürzen durchaus magische Resultate erzielen kann. Bei diesem Liebeskuchen müssen Sie nichts anderes tun, als Ihren Lieblingskuchen zu backen. Oder noch besser, den Lieblingskuchen des angebeteten Menschen. Das Rezept holen Sie sich aus einem Backbuch oder von Ihrer Mutter; es darf auch die Freundins sein. Hauptsache, Sie backen den Kuchen selbst. Denn beim Backen und in der Vorbereitungsphase denken Sie stets an die geliebte Person, geben also jede Menge Energie in die Leckerei mit ein. Frauen besorgen sich außerdem Pink-Love-Powder und streuen eine Prise in den fast fertigen Teig. Männer nehmen weißes Love-Powder. Vergessen Sie dabei nicht die alte Grundregel: Weniger ist mehr. Es ist nicht Sinn der Übung, dass das Puder auffällig herausschmeckt. Im Gegenteil, das wäre sogar schädlich. Dann wird der Kuchen gebacken und gemeinsam verspeist. Sie können fast darauf wetten, dass innerhalb kürzester Zeit das Gespräch auf das Thema feste Bindung oder gar Hochzeit kommt. Warum das so ist, weiß ich nicht. Ich weiß aber, dass es funktioniert.

Wenn Sie jemanden gefunden haben und noch ein bisschen skeptisch sind, ob er oder sie der oder die Richtige ist, so kann Ihnen ein Talisman auf die Sprünge helfen. Nennen wir diesen Talisman also *Talisman zum Erkennen des anderen.* Statt erkennen können Sie auch »durchschauen« sagen, oder, wenn's gar zu sehr nach Fehlgriff riecht, »auf die Schliche kommen«. Unser Talisman sieht folgendermaßen aus:

Dieses stilisierte lächelnde Gesicht symbolisiert Ezili-Freda, eine Göttin, die Voodoo-Königin der Schönheit. Sie bringt Glück und Fruchtbarkeit. Sie sticken diese Figur mit schwarzer Seide auf ein kleines Stückchen gelben Stoff, oder Sie lassen es sich auf ein Schmuckstück gravieren. Es ist immer sinnvoll, wenn Sie in den Herstellungsprozess aktiv eingreifen, weil Sie in diesem Moment wichtige Energien mobilisieren. Der Talisman wird von Sonnenauf- bis -untergang direkt am Körper getragen. Niemand außer Ihnen selbst darf ihn sehen, geschweige denn berühren, sonst ist der Bann gebrochen. Ezili-Freda verlangt, wie übrigens alle Voodoo-Götter, nach einer Opfergabe. Die Voodoo-Religion ist eine Opferreligion. Opfern Sie ihr ein paar Tropfen Parfüm oder Öl ihrer Wahl, oder auch ein Glas Wasser, das nach Frucht oder Mandel riecht.

Das Opfern in den Voodoo-Religionen ist kein großes Brimborium. Es geschieht meist wie nebenbei, fast selbstverständlich. So schütten die Yorubas in Kuba zum Beispiel den ersten Schluck einer gerade geöffneten Rumflasche einfach auf den Boden: Für die Götter. Oder es werden Gläser aufgestellt mit der entsprechenden Flüssigkeit, die dann verdunsten darf. Opferungen innerhalb großer Rituale sind davon natürlich ausgenommen; diese werden feierlich und Schritt für Schritt explizit begangen. Mit ein bisschen Parfüm oder mit fruchtgetränktem Wasser dürfen Sie aber fröhlich rumkleckern. Ein angenehmer Nebeneffekt ist dabei, dass sich die Luft in Ihrer Wohnung verbessert. Auch nicht schlecht.

Ein weiteres Voodoo-Ritual aus New Orleans beschäftigt sich damit, bei der Partnersuche hilfreich zu sein. Ich empfehle es immer dann, wenn wirklich alles andere ohne Erfolg geblieben ist. Nennen wir es also *»Einen-Partner-finden-Ritual«*. Kernstück dieses Rituals ist ein Talisman, den wir uns am besten wieder selbst anfertigen. Er sieht so aus:

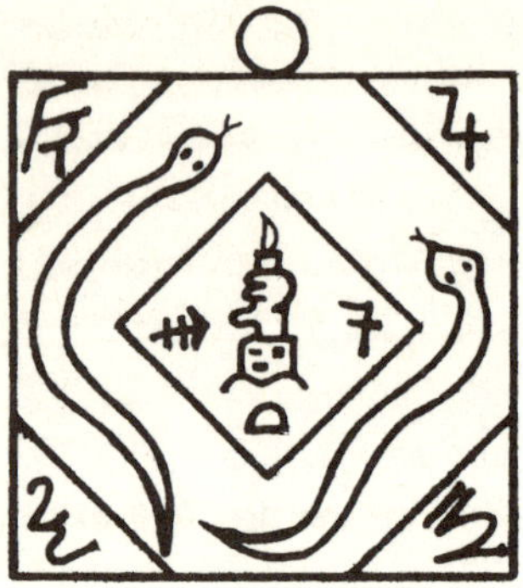

Dies ist das Amulett der New-Orleans-Liebesgöttin Loa oder auch Lisa. Zwei Schlangen stehen im Kreis, der den Mond symbolisiert. Wir sticken es auf einem Stück gelben Satin mit einem Silberfaden nach. Oder wir lassen es uns in ein Schmuckstück eingravieren. Dieses Amulett wirkt am besten abends und bei Vollmond. Auch das damit verbundene Ritual sollte zu diesen Zeiten ausgeführt werden. Auf ein Stück Pergamentpapier schreiben wir den Namen des geliebten Menschen und stellen darauf eine rosafarbene Liebeskerze. Den Namen haben wir mit Taubenbluttinte geschrieben. Das ist eine Pflanzenmischung, die man in jedem Hexenladen fertig kaufen kann. Keine einzige Taube ist dafür gestorben, das nur zur Erläuterung. Die Kerze reiben wir mit Luv-Luv-Öl ein, mit ein bisschen Come-to-me-Powder und Venus-Öl. Dann brennen wir sie ab, konzentrieren uns dabei auf das Objekt unserer Verliebtheit oder auch Begierde, und warten so lange, bis das herunterlaufende Kerzenwachs den Namen ganz bedeckt hat. Danach ersticken wir die Flamme mit den Fingern oder mit einem

Glas (auf keinen Fall ausblasen). Dieses Ritual wiederholen wir 15 Tage lang ohne Unterbrechung, andernfalls müssen wir wieder von vorne anfangen. Während der Dauer dieses 15-Tage-Rituals empfiehlt es sich, jeden Morgen zu baden, und zwar mit drei Tropfen Luv-Luv-Öl im Wasser, wobei es natürlich Sinn macht, sich während des Bades voll auf die geliebte Person – sei sie nun real bekannt oder auch nur diffus in unserer Vorstellung vorhanden – zu konzentrieren. Nach dem Bad, mit 15 Minuten pro Tag ist es getan, reiben Sie sich mit einer winzigen Dosis Come-to-me-Powder den Nacken und die Brust ein. Sozusagen als Parfüm legen Sie jeden Tag drei Tropfen Venus-Öl auf. Bitte nicht mehr als drei Tropfen! Sie können diese auch auf die Kleidung träufeln. Loa oder auch Lisa, unsere Voodoo-Liebesgöttin, dürfen Sie bei diesem Ritual nie aus den Augen verlieren. Sie ist es nämlich, die Ihnen helfen wird und die Ihnen ein Opfer abverlangt. Loa/Lisa verlangt von Frauen Blut. Keine Angst, liebe Schwestern, Sie müssen jetzt weder ein Huhn noch einen Hamster töten. Auch Menstruationsblut gilt als Opfer. Fangen Sie ein bisschen davon in ein Glas ein und stellen Sie es im Freien für Lisa auf. Ein paar Tropfen genügen. Und von Männern verlangt Lisa Sperma. Ich bin mir sicher, dass alle Männer wissen, wie sie ein bisschen Sperma in ein Glas produzieren können. Sowohl Frauen als auch Männer tun gut daran, dieses Opfer mit einem kleinen Gebet zu verbinden. Es könnte ungefähr so lauten: »Hier ist mein Opfer für dich. Ich möchte dich damit bitten, mir bei der Partnersuche unter die Arme zu greifen. Ich komme allein nicht mehr weiter. Amen.« Sie werden sich wundern, wie prompt dieses Ritual funktioniert. Hier winkt New-Orleans-Voodoo, und kein Mensch wird je begreifen, welche Urkraft aus Westafrika an den Mississippi gespült wurde. Wir Hexen fragen nicht nach dem Warum und nach dem Wieso, das sollen bitte die Wissenschaftler machen. Aber wir haben Rezepte parat, die allein durch ihre Erfolgsquote dazu geeignet sind, weiterempfohlen zu werden. Kein Wunder, dass in Ländern, in denen es Voodoo und artverwandte Formen gibt, die Leute lieber zum Priester als zum Arzt gehen. Denn mit der komplexen Betrachtung des Patienten zwischen Körper, Geist und Seele wurde oftmals mehr erreicht – und wird immer noch –, als mit der bloßen Behandlung von oberflächlichen Symptomen.

Im vorigen Kapitel haben wir uns mit dem Liebesschmerz beschäftigt. Mit der Einsicht für den Fall, dass nichts mehr geht. Dass wir uns trennen müssen. Entweder von einem angehimmelten Möchtegern-Partner oder von einem realen, mit dem wir schon eine Zeit lang zusammen waren. Oder aber wir trennen uns von einem Belästiger, von jemandem, der uns auf die Nerven geht, indem er uns trotz Ablehnung ständig Avancen macht. Die Energien, die bei einer Trennung aufgewendet werden müssen, sind stets die gleichen. Wobei es fast egal ist, ob es sich um einen Expartner, einen angehimmelten Leider-nicht-Partner oder auch um eine Nervensäge handelt. Hier also ein *Trennungsritual* für hartnäckige Fälle:

Dieses Ritual basiert auf einer Räucherung und stammt ebenfalls aus dem Schatzkästchen des New-Orleans-Voodoo. Die Räucherung ist der Kern der ganzen Geschichte; sie muss Schritt für Schritt und in ständigen Gedanken an die Person ausgeführt werden, die wir verlassen wollen oder müssen, oder die mit ihren Belästigungen aufhören soll.

Für eine Räucherung benötigen Sie einen kleinen Kessel oder tiefen Teller – beide sollten natürlich feuerfest sein – und füllen ihn mit folgenden Zutaten: 4 Teelöffel Weihrauch, 1 TL Rosmarin, 6 TL Lavendel, 2 TL Myrrhe, 4 TL Orris-Powder, 1 TL Patschuli, 6 TL Sandelholz, 1 TL gemahlener Zimt und ein halber TL Salz. Wenn das alles gut vermischt ist, ständig in voller Konzentration auf den betreffenden Menschen, können wir noch ein paar Tropfen Dragons-Blood-Öl hinzufügen, eine Mischung, die Sie fertig in jedem magischen Utensilienhandel bekommen.

Nun bauen wir uns einen kleinen Altar auf; ein Tischchen oder eine kleine Kiste oder Schachtel als Tischersatz genügen. Es liegt an Ihnen, mittels schönen Decken oder anderen Dekorationselementen diesen Altar bedeutungsvoll zu gestalten. Das ist Geschmackssache. Auf diesen Altar stellen wir den Kessel mit der Räuchermischung, außerdem einen Lode Stone, also einen Magnetstein, und ein Stück Pergament mit dem Namen des Trennungskandidaten. Diesen Namen haben Sie mit Taubenbluttinte, einer bekannten Kräutermischung, geschrieben. Sie malen einen Kreis um das Ganze, inklusive Kessel. Die Räucherung erfolgt drei Tage lang hintereinander – Sie werden sich wundern, wie gut sie riecht – und zwar ausschließlich um Mitternacht bei Neumond. Beachten Sie bitte die üblichen Feuerschutzmaßnahmen, und gehen Sie zu Bett, solange es noch räuchert. Einen kleinen Teil der Reste dieser Räucherung nähen Sie in einen kleinen Beutel, und diesen legen Sie dann vor die Tür des Ex, des Leider-nie-Eroberten oder auch vor die Wohnung eines Belästigers. Der Beutel muss gut zugenäht sein. Verbinden Sie diesen Akt mit einem kleinen Gebet, an wen auch immer. Dieses Gebet kann wie folgt lauten: »Bitte zieh in Frieden weiter auf deinem Lebensweg und finde den Partner, der zu dir passt. Ich bin es auf jeden Fall nicht.«

Voodoo ist eine Opferreligion, das habe ich schon mehrmals erwähnt. In diesem Fall opfern wir dem Feuergott Chango, dem höchsten Gott der Yorubas, ein paar Tropfen unseres Lieblingsparfüms oder -öls. Wir träufeln sie auf den Boden, noch besser auf eine Wiese in einer Waldlichtung. Sie werden sich, sofern Sie alle diese Anleitungen gewissenhaft ausgeführt haben, in Kürze erleichtert und befreit fühlen, dafür lege ich meine Hand ins Feuer.

In meinen anderen Büchern habe ich schon des Öfteren darauf hingewiesen, und ich möchte es auch in diesem noch einmal gewissenhaft tun, gerade in Zusammenhang mit den sehr gefühlsintensiven und energetisch wertvollen Voodo-Ritualen: Rituale jeder Art und alle magischen Handlungen, die über das Tragen eines Öls oder eines Talismans hinausgehen, dürfen nur von Menschen ausgeführt werden, die psychisch mit sich und der Umwelt grundsätzlich im Reinen sind. Personen mit psychischen Problemen (Depression, Phobie, Neurose, Sucht u. a.) müssen erst therapeutisch behandelt werden, bevor sie die Tür zur Magie öffnen dürfen. Ansonsten besteht die akute Gefahr, dass sie ihre Probleme verstärken. Die magischen Kräfte können nämlich im Fall einer vorliegenden psychischen Störung weder richtig entwickelt noch sinnvoll gelenkt werden.

Frisch verliebt auf Wolke sieben, Sex ist wunderbar!

Eins der schönsten, wichtigsten und gleichzeitig verrücktesten Erlebnisse im Leben eines jeden Einzelnen von uns ist die frische Verliebtheit, die erwidert wird. Zu zweit empfindet man die Welt rosarot und wunderbar, alles andere hat keine Bedeutung mehr. Hemmungslos verliebt zu sein ist eins der letzten Abenteuer unserer Zeit. Und wir sollten dieses Abenteuer genießen und auskosten.

Natürlich gilt nach wie vor auch das Sprichwort »Liebe macht blind«. Wobei »Liebe« in diesem Zusammenhang nicht das richtige Wort ist. Es müsste »Verliebtheit« heißen. Liebe ist nämlich viel mehr als nur blinde Verliebtheit; Liebe ist, den anderen so zu sehen, wie er wirklich ist, und ihn dennoch zu akzeptieren. Mit allen Ecken und Kanten. Aber davon später.

Was die Zeit der berauschten Verliebtheit aber so einzigartig macht, ist das neue sexuelle Gefühl, das wir in einer neuen Beziehung entwickeln. Es gibt so viel zu entdecken, anzufassen, zu riechen und zu schmecken. Alles ist neu, alles ist wunderbar. Man ist gierig aufeinander, kann gar nicht mehr loslassen. Und man ist in dieser Phase auch experimentierfreudig, macht Sachen mit, die man sich zuvor nicht mal auszudenken wagte. Probiert neue Stellungen und Praktiken, lässt sich fallen und leiten. In solchen Phasen gibt es weder Sex- noch Beziehungsprobleme, alles ist wunderbar.

So erlebt jeder die neue Sexphase als Befreiung. Als Schlussstrich unter die vorangegangene Liaison, als Schlussstrich über eine mehr oder weniger lange Enthaltsamkeitsperiode – vor allem aber als Schlussstrich unter eine Zeit der Einsamkeit. Sex verbindet, und das im wahrsten Sinne des Wortes. Trotzdem sollten wir uns ein paar weiterführende Gedanken zum Thema machen.

Den neuen Sex so akzeptieren, wie er ist?

Wann immer zwei frisch Verliebte aufeinander prallen, wird naturgemäß zunächst ein Sexfeuerwerk entzündet. Alles, was man je erfahren, gelesen oder auch gelernt hat, wird aus der Schublade gezogen, um den anderen zu beglücken und auch, um ihn zu beeindrucken.

Dabei ergibt es sich auch oft, dass man neue Praktiken kennen lernt. Wer schlau ist, weiß dabei genau, wie weit er gehen kann und will. Doch in der blinden Verliebtheitsphase sind die Wenigsten von uns schlau, verblüffen im Gegenteil immer wieder durch irrsinnigste Aktionen oder auch Duldungen.

Was zum Beispiel tun, wenn's immer mit Strapsen und Stiefeln sein muss? Oder, eine Nuance runtergeschraubt, wenn Sex immer auf die gleiche Art passiert, quasi nach einem vorgegebenem Muster?

Reden wir doch Klartext miteinander: Der Mann ist vielleicht ein körperbezogener und fast sportlicher Sexpartner, und die Frau bevorzugt Streicheln und Kuscheln. Oder umgekehrt. Und beide stellen ihre eigenen Wünsche und Projektionen zurück, um die neue »Liebe« nicht zu gefährden.

Es erfordert schon Courage und menschliche Größe, um bereits in dieser Phase korrigierend einzugreifen. Einen Mut, den die meisten nicht aufbringen – was sich auf mittelfristige Sicht bitter rächen wird. Das zeigen zumindest die Erfahrungen aus meiner täglichen Praxis.

Sex mit Magie verbessern?

Trotz aller Blindheit wird sich jeder frisch Verliebte in kürzester Zeit auf seine eigenen Bedürfnisse reduzieren und Ansprüche anmelden. Das so genannte »klärende Gespräch« wird aber zu Irritation und Unsicherheit führen. »Hör mal, du bist mir zu wild im Bett/zu lahm auf dem Sofa«, das alles bringt nichts. Solche Erklärungen werden den Partner lediglich in die Versagerecke stellen, ihn irritieren und verunsichern.

Sinnvoller dagegen ist die positive Verstärkung. Wann immer der Partner etwas macht, was mir besonders gut gefällt –, und dabei muss es nicht automatisch nur um Sex gehen –, so unterstreiche ich diese Tatsache. »Also damals im Freien, du weißt schon, das hat mich besonders angemacht…« Sicherlich wird der Partner, der Ihnen gefallen will, so bald wie möglich wieder eine Situation herstellen, die an die damalige erinnert.

Natürlich sind Sie schon längst auf die Idee gekommen, den neuen Sex, den Sie in der Verliebtheitsphase genießen dürfen, mit kleinen magischen Hilfsmitteln zu verstärken. Oder bedeutungsvoller zu machen: ihn aufzuwerten. Teils weil Sie trotz aller blinden Verliebtheit tief im Innern wissen, dass es noch besser geht, teils aber auch ganz einfach aus dem Bewusstsein heraus, dieser besonderen neuen Liebe noch ein Sahnehäubchen aufsetzen zu wollen.

Bei allem Verständnis für diese Argumente halte ich nicht allzu viel von einem »Höher, Schneller, Weiter«, in welcher Hinsicht auch immer. Wir dürfen uns nicht von der Gier und Unersättlichkeit unserer Zeit leiten lassen. Deshalb halte ich mich mit meinen Tipps etwas zurück; sie werden zu späterer Zeit noch gebraucht.

Trotzdem macht es immer wieder Freude, Sex beim Kerzenschein auszuführen. Wenn Sie dabei eine Duft- oder vielleicht sogar eine Opferkerze abbrennen, können Sie den Sex auf eine spirituelle Ebene heben.

Die Themen Duft und Geruch sind überhaupt die entscheidendsten im Zusammenhang mit Sex. Sie wissen ja: Man kann den anderen riechen oder auch nicht. Und wenn Sie diesen Duftfaktor noch mit Liebesölen verstärken, verstärken Sie damit auch Ihren Sex. Es gibt jede Menge Liebesöle, die Sie sich in aller Ruhe in Ihrem Hexen- oder Magierladen vorstellen lassen sollten, um Ihre persönlichen Vorlieben herauszufinden. Das Schönste aller Liebesöle ist aber ein individuell auf Sie selbst zugeschnittenes und gemischtes; es ist nämlich in Verbindung mit Ihrem Körpergeruch einmalig auf der Welt. Beim Mischen sollten Sie natürlich auch darauf achten, dass dieses Öl Ihrem Partner gut gefällt, aber das lässt sich ja rauskriegen.

Individuelle Ölmischungen herzustellen, besonders jene, die magische Wirkungen erzeugen sollen, ist schwieriger, als man glaubt. Es kommt nicht nur auf fein dosierte Nuancen an, sondern auch auf die Geisteskraft, mit der diese Dosierungen vorgenommen werden. Lassen Sie sich also unbedingt fachkundig beraten; alles andere führt unter Umständen in ein Geruchsdesaster.

Dass es bei unseren Hexenölen immer wieder um Minidosierungen geht, um drei Tropfen im Badewasser oder um drei Tropfen in einem Basiskörperöl als Träger, das wissen Sie ja bereits. Es ist also nicht unbedingt notwendig, dem Partner zu sagen, was Sie gerade vorhaben. »Du Schatzi, ich trage jetzt ein magisches Öl auf, damit unser Sex noch besser wird.« Das ist nicht nur albern, sondern erzeugt auch Frust und Unsicherheit beim anderen, weil der nun davon ausgehen muss, dass der bisherige Sex nicht gut genug war.

Sich gegenseitig mit einem nicht näher benannten »Lieblingsöl« einzureiben und sogar zu massieren, kann dagegen absolut luststeigernd sein und endet fast immer im fröhlichen Clinch. Und wenn der Partner esoterisch interessiert ist und nach dem Öl fragt, können Sie ja hinterher (!) mit der Wahrheit herausrücken. Ansonsten aber bleibt sie Ihr Geheimnis.

Ein wunderbares Mittel zur Steigerung der Sexqualität ist auch die Kraft der Musik, die sanft im Hintergrund läuft. Wählen Sie dabei nie und nimmer bereits bekannte Lieblingslieder, denn die werden ja oft mit anderen Erinnerungen verbunden, vielleicht sogar mit Erinnerungen an verflossene Partner, und lenken daher vom Geschehen ab. Wählen Sie auch nie Lieder mit Texten in Ihrer Sprache, auch die lenken ab. Die Musik soll nur ein Teppich sein, auf dem man gut gelaunt zusammenliegen kann. Es eignet sich daher besonders Instrumentalmusik aus dem New-Age-Bereich, wobei Sie ganz nach Geschmack bei der Auswahl vorgehen dürfen. Individueller Geschmack kennt keine Spielregeln.

Musik, Farben, Düfte, Licht – all das gehört dazu. Auch, ob Ihre oder seine Wohnung schön aufgeräumt und sauber ist und vieles mehr. Um die Wohnung im Vorfeld zu weihen und zu »programmieren«, empfehlen sich kleine Räucherungen aus Sandelholz und Zimt, die natürlich nicht zu aufdringlich sein dürfen.

So gibt es jede Menge Kleinigkeiten, die aus der magischen Ecke kommen und mit denen Sie Sex und das Erleben des Sex grundsätzlich verbessern können. Sie können durchaus einmal ein kleines Verführungsdinner vorbereiten (siehe auch mein Buch »Rezepte aus der Hexenküche«, Goldmann Verlag) und vieles mehr.

Dennoch rate ich generell dazu, gerade in der Phase des Frischverliebtseins, zunächst alle Sinne zu öffnen, alle Antennen auszufahren und den neuen Partner so zu nehmen, wie er ist. Oder gern sein möchte. Sie wissen ja, dass sich jeder Mensch in der Verliebtheitsphase verstellt. Er zeigt sich nicht so, wie er ist, sondern so, wie er gern sein möchte. Er ist großzügig, zuvorkommend, der perfekte Liebhaber und vieles mehr. Aber diese Rolle hält er nicht lange durch. Das Verrückteste dabei ist, dass er sein Verhalten, seine Präsentation als Mogelpackung, selbst gar nicht so begreift. Wie sollte er auch. Er spielt sie ja nicht, sondern er lebt sie.

Wer schlau ist, schaut sich in dieser Phase den neuen

Partner genau an. Man sieht nämlich jetzt sein Idealbild von sich selbst. Und es wäre verschwendete Kraft, dieses Idealbild mit weiter greifenden magischen Mitteln verbessern zu wollen. Mehr geht nicht. Das, was man in der Balzphase sieht, ist das Nonplusultra. Doch die Balzphase endet meist früher, als uns lieb ist.

Was tun, wenn die Balzphase abklingt?

Der Rausch, der in einer Beziehung anfangs so locker und flockig daherkommt, sexbesessen und frei von Problemen aller Art, endet nach spätestens drei oder vier Monaten in einer Art Kater. Verabredungen werden nicht mehr so pünktlich eingehalten wie vor kurzem noch, die täglichen Telefonorgien haben sich auf ein Mindestmaß reduziert, die Treffen sind auf einmal nicht mehr so heiß und feurig wie noch vor ein paar Wochen. Panik kommt auf. War's das etwa schon?

Natürlich nicht. Und es gibt auch nicht den geringsten Grund, den Partner mit Vorhaltungen und Vorwürfen zu traktieren: »Vor ein paar Wochen hast du mich am Tag hundertmal angerufen, jetzt nur noch dreimal. Hast du eine andere? Liebst du mich nicht mehr?« Oh Gott, wie peinlich! Noch peinlicher und direkt schädigend für die Beziehung: »Vor kurzem haben wir fünfmal in der Woche zusammen geschlafen, jetzt nur noch zweimal. Was ist los mit dir?«

Gedanken und Aussprüche dieser Art sind regelrechte Beziehungskiller. Denn es ist gar nichts Besonderes los, nur die Normalität hat wieder Einzug gehalten.

Wer aber davon ausgeht, dass eine Beziehung aus einem ständigen Verliebtheitsrausch zu bestehen hat, der hat zu viele Hollywoodschinken konsumiert – und ist naiv obendrein.

Das neue schöne Auto ist irgendwann das alltägliche Auto. Der neue schöne Job wird bald zur Normalität. Und auch der neue Partner ist sehr schnell der tägliche Partner. Hier kindisch rumzujammern oder gar Schuldzuweisungen zu verteilen, ist wohl das Dümmste, was man machen kann.

Warum der große Katzenjammer jetzt einsetzt, hat zwei ganz handgreifliche Gründe. Erstens will man nicht wahrhaben, dass der Rausch vorbei ist. Zweitens ist man nicht vorbereitet auf eine »richtige« Beziehung: eine Beziehung mit all ihren Höhen und Tiefen.

Das erstaunt mich immer wieder. Aus zahlreichen Fällen meiner täglichen Praxis weiß ich aber, dass dies der Normalfall ist. Gleich mehr.

Sex im Alltag

Wenn wir uns die Mechanismen klar machen, unter denen der alltägliche Sex abläuft beziehungsweise die Verwandlung des Sex von einer Phase der Verliebtheit in eine alltägliche Angelegenheit, so ist dieses Thema gar nicht so bedrohlich, wie es vielleicht wirkt. Es passiert nämlich nichts Schreckliches oder gar Bedrohliches, sondern etwas ganz Natürliches. Man muss dieses Etwas nur kennen und definieren, um nicht vor einem großen Fragezeichen zu stehen.

Den Reiz des Neuen, den jede Partnerschaft am Anfang erlebt und der ganz im Vordergrund steht, habe ich schon angesprochen. Auch die Tatsache, dass dieser Reiz des Neuen nur kurzzeitig wirklich neu sein kann. Das liegt in der Natur der Sache. Wer jahrelang seinen Urlaub in Spanien verbringt, im selben Ort, wird das wunderbare Gefühl, das er am Anfang in dieser Ortschaft erleben durfte, beim zehnten Mal bestimmt nicht mehr so intensiv empfinden. Und wer jeden Tag ein einst neu entdecktes Lieblingsgericht vorgesetzt bekommt, erfährt sicher auch sehr schnell dessen Abnutzung. Was beim Sex nicht anders ist. Das klingt zweifellos banal, stimmt aber. Denn so groß ist die Palette der zu entdeckenden Möglichkeiten nicht, wie wir immer meinen. Irgendwann sind alle Stellungen durchprobiert, alle Fetische und Reizwäscheutensilien altbekannt. Und die Vorlieben des Partners auch.

Was man jeden Tag haben kann, verliert an Wert. Wir müssen uns mit dieser Tatsache ganz nüchtern und realistisch auseinander setzen. Bei Männern – aber in unseren Breiten immer mehr auch bei vielen Frauen – kommt noch dazu, dass sie gern den großen Eroberer spielen. Aber das können sie in einer festen Beziehung nicht mehr, weil schon alles erobert ist. Zumindest auf den ersten Blick.

Stress im Beruf, im Studium oder in der Schule kommen dazu, außerdem eine Vertrautheit, die einem auch erlaubt, einmal Nein zu sagen. »Ich bin heute fix und fertig, ich will nur noch schlafen«, so die Männer. Oder »Ich habe heute starke Migräne«, eine Standardausrede bei Frauen, wenn sie keine Lust auf Sex haben. Als ob sie sich dafür entschuldigen müssten, dass sie nicht ständig im Taumel der Begierde schweben. Hier trennt sich die Spreu vom Weizen. Wer Begierde mit Liebe verwechselt hat, wird schnell auf den Boden der Tatsachen zurückgeholt. Und das sehr schmerzhaft.

Ein Sexkiller der klassischen Art ist die Macht der Gewohnheit. Und gewöhnen kann man sich an alles: an die bevorzugte Stellung, die man der Einfachheit halber immer wieder praktiziert. Oder an den Zeitpunkt des Sex. Vielleicht jeden Samstagabend nach der Sportschau? Oder auch an den Ort, an dem der Sex ausgeführt wird: wie gewohnt im Bett, da ist es am bequemsten. Es ist also höchste Zeit, diese Gewohnheitsmechanismen konsequent zu unterlaufen, wenn der alltägliche Sex befriedigend sein soll. Gerade in diesen drei Punkten – Stellung, Ort, Zeit – den Partner ganz bewusst überraschen. Auch wenn's anders bequemer wäre – aber auch einschläfernder.

Da ich gerade so salopp das Wort »Stellung« gebraucht habe: Es geht nicht immer um die Penetration an sich, sondern um das sexuelle Erlebnis als Gesamtheit. Ein Erlebnis, das beim zärtlichen Streicheln anfängt und eventuell bei der Zigarette danach endet. Hier gibt es viele Bereiche, in denen für Abwechslung gesorgt werden kann. Und wer sagt denn überhaupt, dass die Penetration das Nonplusultra sein muss? Es gibt viele andere Praktiken, die zur Befriedigung führen. Wer sie nicht kennt, tut gut daran, sich einen Sexratgeber zu besorgen, gibt's in jeder Buchhandlung.

Und da wir gerade dabei sind: Was meinen Sie, wie anregend die gemeinsame Lektüre eines solchen Ratgebers sein kann! Aber bitte nicht unter der Prämisse, dass Sie etwas ändern oder verbessern wollen, sondern einzig und allein aus kindlicher Neugier. Sonst entstehen wieder sofort Irritationen (»Ich bin ihm/ihr wohl nicht gut genug im Bett«), die zu neuen Problemen führen.

Hexenrezepte und Voodoo gegen die Macht der Gewohnheit

Wenn wir eine eingeschlafene Sexualbeziehung wieder in Schwung bringen wollen – oder vielleicht sogar müssen, weil sonst die Ehe oder die Partnerschaft kaputtgeht –, dürfen wir uns nicht scheuen, auch hin und wieder in das Schatzkästchen der Magie zu greifen. Dabei stellt sich eine grundsätzliche Frage: Sage ich meinem Partner, was ich vorhabe, oder agiere ich im Geheimen? Hier sind wir wieder bei einer Problematik, die von Fall zu Fall entschieden werden muss. Denn der eine Partner will es geradezu wissen, der andere aber lehnt diesen ganzen »Esoterik-Quatsch« von vornherein ab.

Erfolgversprechender sind grundsätzlich alle Maßnahmen, die gemeinsam beschlossen und durchgeführt werden. Ganz einfach deshalb, weil Sie in diesem Fall erstens als Paar agieren, und zweitens doppelte Energien zur Verfügung haben, die Sie in magische Handlungen investieren können. Damit erhöhen Sie die Erfolgsaussichten wesentlich.

Haben Sie aber einen Partner, den Sie sozusagen zu seinem Glück zwingen müssen, dann agieren Sie im Verborgenen. Ein wesentlicher Punkt dabei ist, dass Sie sich nie und nimmer dabei erwischen lassen dürfen. Ihr Partner wird nämlich aggressiv reagieren (»Ich habe dir doch schon tausendmal gesagt, dass mich dieser ganze Hexenkram nervt!«) und Sie haben neue Probleme. Sie müssen also im Fall des geheimen Agierens penibel genau auf Dosierungen, Spuren und andere verräterische Fallstricke achten, um sich ja nicht verdächtig zu machen. Freilich müssen Sie sich irgendwann einmal fragen, wie intensiv eine Partnerschaft denn überhaupt sein kann, die in so wichtigen Punkten wie Magie und Esoterik völlig verschiedene Positionen hat.

Wie auch immer: Probate Mittel, um die eingeschlafene Sexualität wieder aufzuwecken, sind die *Liebesöle*, die es in jedem Hexen- und Magierladen gibt. Sie heißen French Love, Attraction, Aphrodisia, Sexy, Queen of Sheba oder Adam & Eve. Es sind vorbereitete Ölmischungen, die Sie von Fall zu Fall als Parfüm, Badewasserzusatz oder auch als Zutat im Putzwasser verwenden dürfen. Es gibt noch jede Menge anderer Liebesöle. Sie müssen sich schon die Mühe machen, im Selbstversuch und auch im Versuch mit dem Partner herauszukriegen, welches Öl Ihnen beiden (!) am besten gefällt. Der Geruchssinn ist ein zuverlässiges Indiz in Sachen Wirksamkeit. Aber da es hier um zwei Geruchssinne geht, kann es durchaus vorkommen, dass Abstriche an den Idealduft gemacht werden müssen, um sich schließlich auf den größtmöglichen gemeinsamen Nenner zu einigen.

Oft liegen in einer Partnerschaft unausgesprochene Spannungen in der Luft, die aus der unbefriedigenden Sexualsituation resultieren. Oder, die für sich betrachtet, der eigentliche Grund für die lange Abstinenz in Sachen Sex sind. *Duftöle,* tropfenweise in ein Öllämpchen geträufelt, können wesentlich dazu beitragen, dass zunächst die zwischenmenschliche Harmonie wiederhergestellt wird, auf der sich dann alles andere ausprobieren und auch besprechen lässt. Ich empfehle in solchen Fällen stets eine Ölmischung aus Angel-, Buddha- und Love-me-Öl. Sie hat sich stets als sehr wirksamer Harmoniespender erwiesen.

Kerzen sind ebenfalls unauffällige Wegbereiter für Harmonie und Sexualität. Verwenden Sie stets Zimt- und Vanilleduftkerzen. Es hat sich herausgestellt, dass gerade Männer wie wild auf den Duft von Vanille reagieren. Warum das so ist, weiß ich nicht. Was aber belegt ist: Die Wirkung von Kerzenzauber verstärkt sich immer dann, wenn wir eine 7-Knoten-Kerze verwenden. Sie wird jeden Tag bis zu einem Knoten abgebrannt, dann wird die Flamme erstickt. Während die Flamme brennt, also sieben Tage lang die gewisse Zeitspanne bis zum Ende des nächsten Knotens, konzentrieren Sie sich auf Ihren Partner.

Auch *Räucherungen* können den Weg zur Auffrischung des Sexuallebens wesentlich erleichtern. High-John-, Oris-, Cleopatra- oder auch Lavendel-Räucherungen sind besonders wirksam. Dabei ist es nicht immer wichtig, dass diese Räucherungen auch tatsächlich abgebrannt werden. Oft genügt es schon, diese Kräutermischungen vorsichtig in der Wohnung zu verstreuen. Das ist gerade in Fällen zu empfehlen, in denen der Partner besser nichts von Ihrem magischen Treiben erfahren sollte.

Warum nicht mal wieder ein nettes *Verführungsdinner* vorbereiten? Ich habe etliche davon in meinem Buch »Rezepte aus der Hexenküche« (Goldmann Verlag) vorgestellt, mit genauer Kochanleitung, aber es kann durchaus auch einfach das Lieblingsessen der zu verführenden Person sein, dem Sie ein paar Verführungskräuter oder ein paar Tropfen Liebesöl (z. B. im Salatöl) beimischen. Bei einem Verführungsdinner ist es grundsätzlich wichtig, dass Sie nicht unbedingt etwas Schweres und sehr Kalorienhaltiges auf den Tisch bringen. Sonst erreichen Sie lähmende Verdauungsmüdigkeit statt kribbelnder Lust. Schweinebraten mit Knödel sind also für ein solches Dinner wesentlich weniger geeignet als ein knackiger Salatteller. Weder Sie noch Ihr Partner haben etwas davon, wenn Sie nach dem Essen dermaßen schlapp und fertig sind, dass sich außer den Aktivitäten der Verdauungssäfte keine weiteren körperlichen Reaktionen mehr einstellen können.

Auch ein kleiner *Talisman* hilft müden Paaren wieder ins Lotterbett. Das Pentakel der Venus sieht so aus:

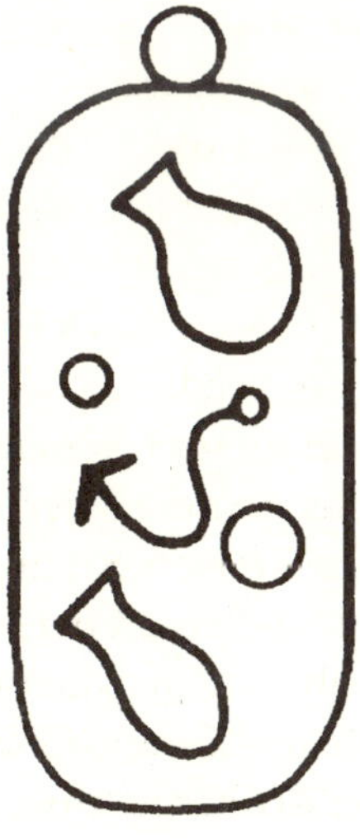

Sie zeichnen es mit so genannter Taubenbluttinte auf ein Stück Pergament, dazu die Namen der beiden Personen, die wieder zusammenfinden sollen, also Ihren eigenen und den Ihres Partners, ziehen einen Kreis um das Ganze und nähen das Pergament in ein Beutelchen aus rotem Stoff ein. Ob Sie dieses Beutelchen am Körper tragen oder unter Ihr Kopfkissen legen, ist Ihre private Entscheidung. Wenn Sie es täglich mit drei Tropfen Ihres favorisierten Liebesöls beträufeln, erhöhen Sie damit seine Wirksamkeit.

Aus den arabischen Regionen, besonders aus Tunesien und Ägypten, kommt der *Körpersaft-Liebeszauber* zu uns. Er basiert auf der meiner Meinung nach sehr richtigen Einsicht, dass der Mensch gar nicht so weit vom Tier weg ist, wie er in seiner Arroganz immer wieder meint. Warum soll über den untrüglichen Geruchssinn bei uns nicht auch das funktionieren, was bei Tieren funktioniert? Mit ein paar Urintropfen markieren viele Säugetiere (z. B. Hunde) ihr Territorium, sie tauschen mittels dieser Körperflüssigkeit sogar Nachrichten aus. Wenn Sie nun zwei oder drei Tropfen Ihres Urins in das Essen oder in den Drink des zu Verführenden geben, so nehmen Sie ihn damit in Besitz, ziehen ihn in Ihr Territorium.

Natürlich weiß ich, dass in unserer Kultur ein gewisser Ekel vor Urin besteht. Was in anderen Kulturen übrigens ganz anders ist. Hier wird der Urin als Mittel für verschiedenste Belange gezielt eingesetzt. Literatur darüber gibt es in Massen. Wer es schafft, die anerzogene Abneigung gegenüber seinem eigenen Urin zu überwinden, wird sein sexy Wunder erleben. Ähnlich funktioniert das mit Menstruationsblut. Aber denken Sie in beiden Fällen stets daran: Mehr als drei Tropfen pro »Anwendung« sind von Übel.

Bei jedem *Voodoo-Ritual* muss ein Opfer gebracht werden, auch bei dem, das zwei müde gewordene Sexualpartner wieder zusammenführen soll. Das Opfer in diesem Fall geht wieder an den Yoruba-Gott Chango, den Herr des Feuers und der Begierde. Sie brauchen dafür 3 Esslöffel Honig, 7 EL weißen Sand und 1 EL Backpulver. Wir richten die Zutaten auf einem hübschen Teller her und vermengen sie miteinander. In die Mitte des Tellers stellen wir zusätzlich eine rote und eine blaue Double-Action-Kerze, zu finden in jedem Laden für magischen Bedarf. Wir knien nieder, zünden die Kerzen an, machen ein Kreuzzeichen und konzentrieren uns auf den Menschen, mit dem wir den Sex auffrischen (oder auch anfangen) wollen. Unser Gebet soll sich vor allem darauf richten, dass wir die Probleme aus dem Weg schaffen wollen, die zwischen uns und dem Partner stehen.

Nun kochen wir eine Kleinigkeit, und zwar aus rotem Paprika, Reis und frischer Hühnerleber, nach Belieben gewürzt. (In Afrika und in New Orleans verwendet man übrigens statt der Hühnerleber eine lebende Schlange, was mich als Tierschützerin immer wieder entsetzt. Zumal ich festgestellt habe, dass es frische Hühnerleber genauso tut.) Diese kleine Mahlzeit soll von beiden Partnern zusammen verspeist werden. Nach dem Essen wird ein Stück Pergament vorbereitet, auf das wir mit Blut (Menstruationsblut) die Namen beider Partner schreiben. Dieses Pergament wird in einem Glas mit brennendem Alkohol, ob Whisky oder Wodka, das überlasse ich Ihnen, dem Feuergott Chango übergeben. Stets mit der Bitte, alle Schwierigkeiten aus dem Weg zu räumen, die zwischen Ihnen und Ihrem Partner stehen, ob es sich dabei um Hemmungen, Missverständnisse oder einfach nur um die Abnutzung durch Gewohnheit handelt.

Das klingt jetzt alles ein bisschen mechanisch nach Gebrauchsanweisung, das ist mir schon klar. Dennoch haben sich diese Vorgehensweisen bewährt. Was wir aber nie vernachlässigen dürfen, und darauf komme ich gleich zu sprechen, ist der wichtigste Faktor im Spiel zwischen zwei Partnern überhaupt: die Romantik.

Der Zauber der Romantik

Wenn wir im Lexikon unter dem Begriff »Romantik« nachschauen, erfahren wir meist nur etwas über verschiedene Kunstrichtungen, von der Dichtkunst über die Malerei bis hin zur Architektur, die Strömung einer künstlerischen Geisteshaltung, die vor allem in der Übergangsphase vom 18. zum 19. Jahrhundert aktuell war. Inwieweit diese Geisteshaltung mit dem Phänomen »Romantik« zusammenhängt, wie ich es hier verstanden wissen will, wird nicht erklärt. Aber das macht nichts. Denn aus der Betrachtung dieser Kunst erfahren wir, um was es geht: um Wärme, Geborgenheit, ein bisschen Nostalgie und auch ein bisschen Geheimnis. Dabei ist es egal, ob wir ein Gedicht oder ein Gemälde unter die Lupe nehmen. Die grundsätzlichen Zutaten bleiben die gleichen.

Wir verwenden das Wort Romantik ausschließlich im Zusammenhang mit Liebe, Sex, Partnerschaft, Geborgenheit, aber auch im Kontext zu Geheimnissen und Sehnsüchten.

Eine weitere Komponente kommt dazu: die des Kitsches. Romantik sieht für Außenstehende immer ein bisschen überzogen und kitschig aus. Aber eben nur für Außenstehende. Wenn zwei Verliebte sich Blumen schenken, bei Kerzenlicht schöne Musik hören, sich gegenseitig Liebesgedichte vorlesen, im Park spazieren gehen, Hand in Hand und trunken vor Glück durchs Leben taumeln, so sind für sie die Welt und die Lebensqualität auf eine neue Ebene gehoben worden. Eine Ebene, auf der sie sich rundum wohl fühlen. Der Kitschfaktor ist für die beiden weit und breit nicht erkennbar. Höchstens dann, wenn ihre romantische Phase vorbei ist. Da fragt sich der eine oder andere im Nachhinein, was er wohl für ein seltsames bis sogar peinliches Verhalten an den Tag gelegt hat.

Was sehr schade ist. Denn peinlich ist nichts, was man in romantischen Phasen macht: kein Blumenstrauß, kein Liebesgedicht, kein Waldspaziergang bei Regen. Man muss dazu stehen, auch im Nachhinein. Denn wenn man ehrlich ist, will man so etwas ja so bald wie möglich wieder erleben. Wie wunderbar würde die Welt aussehen, wenn alle Menschen möglichst oft diesen Zustand erleben dürften!

Der Feind der Romantik ist die Realität. Leider gilt es heutzutage als Kompliment, wenn man von einem Menschen behauptet, dass er realistisch sei. Oder mit beiden Beinen auf der Erde stehe. – Wo das Fliegen doch so wunderschön ist. Versuchen Sie deshalb immer wieder romantische Elemente in den gemeinsamen Beziehungsalltag einzubringen. Nicht zu oft immer das Gleiche, aber wohldosiert und häufiger auch einmal etwas Neues. Achten Sie beispielsweise bei Liebesfilmen darauf, wann Ihr Partner dahinschmilzt, auf welche romantischen Situationen er oder sie reagiert. Vielleicht können Sie gemeinsam etwas Ähnliches erleben? Das heißt natürlich nicht, dass Sie Filmszenen eins zu eins nachstellen sollen – das könnte peinlich werden. Aber Sie können sie als Anregung nutzen und an Ihre eigenen Bedürfnisse anpassen.

Der Unterschied zwischen Sex und Erotik

Soll eine Beziehung über längere Zeit funktionieren, so muss es unser Bestreben sein, neben einer sehr intensiven Freundschaft zum Partner auch eine gute sexuelle Basis zu schaffen. Und zwar eine, die nicht gleich nach den ersten Monaten, wenn der Reiz des Neuen verflogen ist, wieder in sich zusammenfällt.

Dazu macht es Sinn, dass wir versuchen, den gemeinsamen Sex auf eine höhere Ebene zu heben, auf die der Erotik. Den Unterschied zwischen Sex und Erotik definiere ich wie folgt: Sex plus Romantik ergibt Erotik. Oder noch genauer aufgeschlüsselt: Sex plus Wärme, Weichheit, Geheimnis, Nostalgie, Kitsch plus Verzicht auf Realität ergibt in der Summe Erotik.

Jedes wilde Tier kann Sex haben. Genau wie jeder grob gestrickte menschliche Rabauke. Erotik aber erfordert Nachdenken und Fantasie. Diese Mühe muss man sich schon machen.

Dabei geht es beileibe nicht darum, dass ich an dieser Stelle dazu anregen möchte, sich neue und ausgefallene Sexualpraktiken auszudenken. Ob Sie es im Bett oder auf einem Eisenbahngleis treiben, ist letztlich einerlei. Solange Sie es nur »treiben«, bleiben Sie im Stadium des Triebes und dessen Befriedigung, sind von Erotik noch meilenweit entfernt.

Erst in dem Moment, in dem Sie romantische Komponenten einfügen, und zwar nicht körperlich, sondern vor allem geistig, tasten Sie sich an die Erotik heran. Kerzen, Blumen, Musik, geheimnisvolle Düfte, unvorhersehbares Verhalten, dem anderen etwas Poetisches ins Ohr flüstern, eben die ganze Palette der Romantik. Erst in der Kombination von Sex und Romantik entsteht Erotik.

Natürlich muss man das alles ein bisschen inszenieren. Und vor allem davon Abstand nehmen, gewisse Muster zu wiederholen. Denn das schönste Buch und der schönste Film nutzen sich in der Wiederholung ab. Denn es fehlt ein wichtiges romantisches Element: das Geheimnis. Wer das Ende des Romans schon kennt, bevor noch die Einleitung vorbei ist, kann nur bedingt genießen. Der Aspekt der Gewöhnung und der Faktor der Gewohnheit sind unsere größten Feinde.

Was Sie aber nicht davon abhalten darf, einen besonders schönen Film mehrmals anzuschauen oder – im Klartext – manche Muster des erotischen Abenteuers durchaus zu wiederholen. Ihr Partner wird Ihnen schon zu verstehen geben, wenn ihm nach einer Wiederholung ist.

Erotik besteht also zu einem großen Teil aus Romantik. Und Romantik lebt von der Irrealität. Wer also Situationen schafft, die irreal erscheinen, wie Traumgebilde daherkommen, hat schon so gut wie gewonnen. Was man schon hundertmal erlebt hat, vielleicht den viel zitierten Sex nach der samstäglichen Sportschau, ist längst ein Teil der Realität geworden und kann nie und nimmer in das Reich der Erotik führen.

Es gibt keine festen Spielregeln, die ich Ihnen jetzt vermitteln könnte. Denn was für den einen real ist, ist für den anderen bislang noch unvorstellbar. Das hat mit individueller Erziehung und Erfahrung zu tun. So wird selbst das schönste Verführungsdinner bei Kerzenschein bei einem, der es bereits des Öfteren hatte, irgendwann zur Routine und entbehrt damit jeden Geheimnisses – womit die Erotik außen vor bleibt. Beim anderen dagegen ist so eine Einleitung vielleicht das bislang nie erlebte Abenteuer schlechthin, und die Erotik treibt ihre bunten Blüten.

Erotik ist genau wie Romantik nur individuell erfahrbar. Es ist also wichtig, herauszukriegen, was der Partner besonders mag und was er ablehnt. Es macht keinen Sinn, jemanden mit Pollenallergie mit Blüten zu überschütten. Genauso wenig, ein bestimmtes Erotikprogramm aufzubauen, das den anderen an ein schlechtes Erlebnis erinnern könnte, das er vielleicht mit seinem vorigen Partner hatte.

Wenn schon die Romantik vorsichtig dosiert werden will, so muss die Verbindung aus Sex und Romantik, also die Erotik, noch bewusster eingesetzt werden. Töricht ist derjenige, der am Anfang einer Beziehung sein ganzes Können und seine unbegrenzte Fantasie unter Beweis stellen möchte und dann nur noch mit Wiederholungen des einmal abgebrannten Feuerwerks brillieren kann. Denn dieses Verhalten muss dazu führen, dass das Abenteuer Erotik in Zukunft in kleineren Versionen präsentiert wird. Der Abbau des Aufwandes aber kann beim Partner als abklingende Liebe, zumindest aber als abklingendes sexuelles Interesse gedeutet werden. Was dann wiederum zu Verunsicherungen und Problemen führen kann.

Es ist wichtig, dass Partner miteinander offen über ihren Sex sprechen. Dass sie sich sagen, was ihnen gefällt und was sie weniger mögen. Im Sinne der Romantik aber halte ich es für gefährlich, wirklich jede Einzelheit totzudiskutieren, weil damit der Geheimnisfaktor auf der Strecke bleibt. Geheimnisse und Überraschungen aber sind wesentliche Romantik- und Erotikzutaten.

Den Sex immer wieder auffrischen

Hexenrezepte, Romantik, Erotik, diese Faktoren, die Sie zur Festigung einer Partnerschaft kennen gelernt haben, sind allesamt sehr wichtig. Sie dürfen ein gutes Zusammenspiel dieser Bereiche als Garant für eine glückliche Beziehung begreifen, sofern Sie und Ihr Partner grundsätzlich zusammenpassen.

Genauso wichtig sind aber die vielen Kleinigkeiten, die nicht das Geringste mit Magie oder Erotik zu tun haben, sondern einfach nur mit Sorgfalt und Aufmerksamkeit. Viele Menschen neigen nämlich dazu, sich in einer

Beziehung ausruhen zu wollen. Sie gehen davon aus, dass mit der Eroberung des anderen alles getan ist und dass alles Weitere automatisch seinen Lauf nehmen soll und wird. Das ist ein fataler Fehler.

Eine Beziehung ist ein Geflecht von zwischenmenschlichen Energien, das täglich gehegt und gepflegt sein will. Die Partner müssen sich dabei nicht ständig umwerben wie in der Anfangsphase, aber zumindest immer wieder interessant machen und halten. Das erfordert ein bisschen Aufwand, ist im Grunde aber gar nicht so schwierig.

Oft tun es schon neue Kleidungsstücke, eine neue Frisur, ein neues Parfüm, ein neues Hobby, neue Bücher, neue Filme, Zeitungen, neue Vorschläge für gemeinsame Aktivitäten und dergleichen mehr. Man muss sich einfach immer wieder interessant machen, vom bereits Bekannten abweichen. Der Einfluss dieser so genannten Kleinigkeiten auf das Sexualleben ist nicht zu unterschätzen.

Ein ganz wichtiger Punkt: Vermeiden Sie es, mit Ihrem Partner täglich in einem gemeinsamen Schlafzimmer zu nächtigen. Freilich darf das vorkommen, aber zur Gewohnheit sollte es nicht werden. Der tägliche morgendliche Anblick des anderen, verschlafen und verknautscht, zerzauste Haare, Mundgeruch, Schweißgeruch und vieles mehr, wird sehr schnell zum Sexkiller, zum Erotikkiller sowieso.

Auch wenn viele Paare meinen, diese tägliche Kuschelnähe zu brauchen, weil es so Brauch ist und weil die Wohnung auf den ersten Blick zu klein für einen zweiten Privatbereich ist, so muss ich aus der Erfahrung meiner Praxis davon ausgehen, dass das gemeinsame Schlafzimmer der Anfang vom Ende einer Beziehung ist. Jede Wohnung lässt sich irgendwie anders gestalten, wenn man den Mut hat, von bekannten Mustern abzuweichen. Wo steht zum Beispiel geschrieben, dass man unbedingt ein Wohnzimmer braucht? Wären nicht zwei Wohnzimmer, wobei jedes auch eine Schlafgelegenheit hat, viel schöner?

Das gemeinsame Schlafzimmer, so meine Erfahrung, lässt jede Erotik einschlafen. Überhaupt »schlafen«, was für ein Wort! Die Deutschen »schlafen miteinander« und charakterisieren mit dieser Formulierung eigentlich schon ein recht müdes Sexleben. Gute Nacht, schlaft gut. Italiener, Franzosen und Engländer »machen Liebe«, schon besser. Amerikaner »sehen sich«, hoffentlich auch nackt. Aber das nur am Rande.

Zurück zu unseren »Hausmitteln«, um auch in einer langjährigen Partnerschaft den Sex aufzufrischen. Die meisten habe ich schon genannt. Was außerdem stets sehr belebend wirkt: eine neue Umgebung, ein Kurzurlaub. Sagen Sie nicht, Sie hätten keine Zeit oder kein Geld. Es muss ja nicht eine Expedition von vier Wochen sein, und auch kein Fünfsternehotel. Ein kleiner Gasthof in der näheren Umgebung tut's auch. Oder wie wäre es mit einem Wohnungstausch mit Freunden aus einer anderen Stadt, nur so für ein Wochenende? Es geht alles, wenn man will.

Eins der wichtigsten Hausmittel: Nie Schuldzuweisungen machen, weder geistig noch verbal. »Er könnte ja auch mal anfangen mit dem Sex, jetzt hab ich schon dreimal hintereinander die Initiative ergriffen, aber von ihm kommt keine Resonanz. Also lasse ich es bleiben; ich will mich ja nicht aufdrängen.« So ein Unsinn. Denn oft fehlt nur der Anstoß. Und der ist nach einer längeren Phase der sexuellen Abstinenz oft schwerer, als man denkt. Hauptsache, einer der beiden kriegt das hin. Wer, ist völlig unerheblich. Denn ein richtiges Paar ist immer eine Einheit. Gegenseitiges Aufrechnen gilt nicht, in keinerlei Hinsicht.

Wer findet, dass das alles zu kompliziert sei oder zu anstrengend, dass es auch so irgendwie weitergehen kann wie bisher, Hauptsache, man bleibt zusammen und hat seine Nestwärme, der kann unter Umständen sehr schnell aus seinem Gleichgewicht gebracht werden. Nämlich dann, wenn ein neuer Faktor ins Spiel kommt, der Faktor Eifersucht. Und der wird, da können Sie sicher sein, zum Prüfstein jeder Beziehung. Hier entscheidet sich spätestens, ob es weitergeht oder nicht, wie wir gleich sehen werden.

Eifersucht – kein Beweis für Liebe

Jeder Mensch, der liebt, kennt auch das bohrende Gefühl der Eifersucht. Und jeder Mensch, der behauptet, von Eifersucht frei zu sein, ist ein Lügner. Eifersucht ist ein Phänomen, das sich durch unser Leben zieht wie ein roter Faden.

Eifersucht fängt schon im zarten Kindesalter an. Der kleine Bruder ist eifersüchtig auf die größere Schwester, weil die wieder vorne im Auto sitzen darf und er nicht. Oder weil der Papa oder die Mama die Schwester »sowieso lieber haben«, weil sie vielleicht gerade ein Lob für eine besonders gute Schulnote oder ein besonders attraktives Geburtstagsgeschenk bekommen hat, das selbstredend viel schöner ist als das eigene. Eifersucht ist menschlich.

Und nicht nur menschlich, sondern auch tierisch. Junge Vögel buhlen um die Gunst und die Futterzuteilungen ihrer Eltern, schmeißen den lästigen Bruderkonkurrenten mitunter sogar aus dem Nest. Und junge Säugetiere raufen sich um den besten Platz an der Milchquelle. Wer zu spät kommt, den bestraft der Hunger.

Jawohl, wir eifern. Ob Tier oder Mensch: Wir entwickeln Eifer darin, jemandem gefallen zu wollen und dessen Gunst zu erlangen. Ob es sich dabei um die Gunst des futterspendenden Muttertiers, des Lehrers, des Freundes, des Chefs oder vielleicht sogar um die Gunst eines Gottes handelt, bleibt letztlich einerlei. Denn das Muster ist gleich. Eifer beinhaltet immer auch, Mitbewerber ausstechen zu wollen, ja geradezu ausstechen zu müssen.

Eifersucht möchte ich also im Folgenden lediglich als die Eifersucht in einer Beziehung verstanden wissen, auf die das Wort Paar passt. Also auf eine Beziehung zwischen Frau und Mann, Mann und Mann, Frau und Frau. Außerdem auf eine Beziehung, in der auch Sex und Erotik eine Rolle spielen.

Liebende ziehen die Gegenwart von Eifersucht immer wieder gerne als Liebesbeweis heran. »Wer nicht eifersüchtig ist, der liebt auch nicht richtig.« Oder: »Eifersucht gehört zur Liebe wie das Salz zur Suppe.« Ist Eifersucht wirklich ein Beweis dafür, dass man den anderen liebt? Oder ist Eifersucht nicht vielmehr ein Beweis dafür, dass man sich selbst liebt, also egoistisch fühlt und handelt? Wir werden es in Erfahrung bringen.

Eifersuchtsbeispiele mit typischen Fehlern

Schauen wir uns zunächst an, wie die Menschen mit Eifersucht umgehen. Wie oft haben sich sowohl Männlein als auch Weiblein in meiner Beratungspraxis schon die Augen ausgeheult, weil sie schlicht und einfach mit ihrer Eifersucht nicht umgehen konnten und dabei, fast wie vorprogrammiert oder gar ferngesteuert, die schlimmsten Fehler gemacht haben, die es gibt. Fehler, die allesamt zum Ende der Beziehung geführt haben. Und Fehler, die jeden Tag aufs Neue immer wieder gemacht werden.

Markus D. (38) hatte schon immer den Verdacht, dass seine Frau einen anderen hat. Denn sie wird wohl irgendeinen Grund gehabt haben, ständig an ihm herumzunörgeln. Von der stürmischen Verliebtheit in der Balzphase blieb nichts übrig, was aktuell noch erwähnenswert gewesen wäre. Sex hatten die beiden nur noch routinemäßig und vielleicht alle zwei bis drei Monate einmal; die gemeinsamen Interessen waren zusammengeschrumpft auf ein Minimum. Als Markus dann tatsächlich mit einem Mitbewerber oder Nebenbuhler konfrontiert wurde – seine Frau war so ehrlich, ihm reinen Wein einzuschenken – heulte und jammerte er den ganzen Tag. Flehte seine Frau auf Knien an, mit dem anderen Schluss zu machen. Und auch dafür zu sorgen, dass niemand aus dem Freundeskreis etwas von dieser Affaire erfährt. Das hätte sein Selbstbewusstsein als Mann verletzt. Er jammerte, flehte und heulte so oft, dass er unbewusst seiner Frau die Entscheidung sehr leicht machte. Sie entschied sich für den neuen, ambitionierten und bemühten Liebhaber. Und ließ das Jammerbündel zurück, das ständig versuchte, ihr Schuldkomplexe einzureden. Meiner Meinung nach nur mehr als verständlich.

Karin B. (42) ging in ihrer Eifersucht noch weiter. Als sie erfahren musste, dass ihr Mann etwas mit einer Jüngeren hat, noch dazu mit einer Freundin von ihr, inszenierte sie dramatisch und mit einem richtigen Abschiedsbrief einen Selbstmordversuch. Die Dosis der eingenommenen Tabletten war zwar zu gering, um nachhaltigen Schaden anzurichten, aber die Dosis des Dramas genügte Karins Mann, um sich pflichtgemäß wieder auf seine Rolle als treuer Ehemann zu besinnen. Ziel erreicht? Weit gefehlt. Nach einem weiteren Jahr mit erfolglosen Bemühungen beiderseits, die Ehe wieder zu kitten, zog Karins Mann aus. Für immer. Mitleid und Erpressung sind die schlechtesten Bindemittel für eine Beziehung, die schon zerbrochen ist.

Doch es gibt noch viel verrücktere Beispiele: Traudel M. (45) schickte ihrem Lebensgefährten sogar einen Privatdetektiv hinterher, um rauszukriegen, ob die bevorstehende Reise wirklich eine reine Dienstreise war oder ob sie auch mit einem Abenteuer verknüpft wurde. Zwei Wochen in einem Strandhotel in Kenia, das muss nicht unbedingt nach Verrat riechen, zumal Traudels Partner Reisejournalist ist. Aber Traudels Antennen standen auf Alarm; und sie hatte Recht, wie es der teuer bezahlte Privatdetektiv bestätigte. Eine andere Frau war als Reisebegleiterin dabei. Traudel und ihr Mann zogen sich zurück, jeder auf seine Weise. Sie bekam eine tiefe Depression, er eine Malariainfektion. Beide pflegten sich eine Zeit lang, gelobten gegenseitig einen Neuanfang, und gingen schließlich frustriert nach einem halben Jahr auseinander. Der Zug war schon längst abgefahren. Und Traudels Aktion mit dem Privatdetektiv saß ihrem Gefährten so tief in den Gliedern, dass er sich ihr gegenüber nie mehr offen zeigen wollte. Er fühlte sich ständig auf die eine oder andere Weise kontrolliert.

Bei jüngeren Leuten wird das alles noch viel dramatischer. Sandra (21) hat rausgekriegt, dass ihr Freund auch ab und zu mit Beate (22) ausgeht. Ihr Freund und Beate sind Schulfreunde, mehr nicht. Was Sandra aber nicht akzeptieren wollte. Sie inszenierte ein Eifersuchtsdrama, das jeder Basis entbehrte: »Entweder sie oder ich.« Und sie bedrohte die Schulfreundin ihres Freundes, schrieb ihr hässliche E-Mails und verwies auf sportliche Freunde, die ihr in Kürze mal »die Fresse polieren« würden. Schließlich war ihr Freund genervt und suchte das Weite. Was sicher niemanden überrascht hat – außer Sandra.

Carola G. (45) ist schlauer. Sie kennt die Spielregeln im Fall der Eifersucht: Auf keinen Fall jammern, auf keinen Fall den Dritten schlecht machen (damit keine Solidarität entsteht), auf keinen Fall den anderen attackieren. Alles richtige und gute Einsichten. Denn positive Werbung um den eigenen Partner ist angesagt, nie und nimmer negative.

Doch Carola übertreibt, und zwar in jeder Hinsicht. Sie mutiert vom eher sanften Mädel zum Sexvamp, macht Hexenrituale so oft und so auffällig wie möglich, verbreitet eine Art von Balzverhalten, das abstoßen muss. Weil es nicht zur ihrer Person passt. Und obwohl Carola wie auch ihr Mann Lukas (48) aus der 68er Generation kommen, die seinerzeit freie Liebe propagiert und teilweise sogar auch gelebt hat, scheitern beide an der Eifersucht.

Die Gründe für berechtigte oder auch unberechtigte Eifersucht sind sehr vielfältig. Wir sollten sie unter die Lupe nehmen.

Die Palette der möglichen Gründe für Eifersucht in der Partnerschaft ist so breit, dass wir nur ein paar typische und immer wiederkehrende Motive herausgreifen und beleuchten können. Wenn wir sie schriftlich vor uns haben, ergreift die meisten von uns ein Aha-Effekt. Aha, so ist das also, das kenn ich doch von dem und dem. Dramatisch wird es, wenn wir selbst betroffen sind. Denn dann gibt es keinen Faktor der Erleuchtung mehr. Dann schwimmen wir in einem Strudel der Gefühle und Ängste, aus dem wir gar nicht mehr herausschauen können. Geschweige denn die Kraft und die Muße haben, nach Gründen zu suchen und sie zu analysieren. Dann gilt nur noch das Gesetz der Gefühle. Ein Gesetz, das uns mehr abverlangt, als wir in der konkreten Eifersuchtssituation zu geben im Stande sind.

Wir sind so clever und so weise, wenn wir jemandem Dritten einen Rat geben sollen. Doch wenn es um uns selbst geht, versagen wir auf der ganzen Linie. Ein Muster, das ich nicht nur in meiner Beratung immer wieder erlebe, sondern das sich ganz allgemein im menschlichen Verhalten immer wieder findet.

Woher kommt das? Es ist der Abstand, den der Ratgebende zum Ratsuchenden hat. Ein Abstand, der für einen klaren Blick sorgen kann. Eifersucht hat immer mit »Kurzsichtigkeit« und Betroffenheit zu tun. Man muss das Problem also von außen sehen, aus der Ferne. Das kann dem Betroffenen aber nur in Ausnahmefällen gelingen. Zu verworren ist seine Gefühlswelt, als dass er einen klaren Gedanken fassen könnte.

Eine ständige latent vorhandene Eifersucht basiert meist auf *Unsicherheit*. Bin ich für meinen Partner wirklich der fürs Leben? Oder macht er mir vielleicht etwas vor, weil er gerade allein war und sich nach Zweisamkeit sehnte oder – und das bohrt am meisten –, weil er nur Sex mit mir will. Solche Gedanken können bohren und eine neue Beziehung von vornherein unter ein negatives Vorzeichen stellen.

Der nächste Grund für Eifersucht ist *mangelndes Selbstbewusstsein*. Bin ich wirklich attraktiv, intelligent, schlau, erotisch, hübsch, blau, grün, gestreift oder sonst etwas genug für meinen Partner? Er ist doch so viel toller als ich, kann ich seinen Ansprüchen überhaupt genügen? Sicher wird er mich, wenn er alles Mögliche im Bett ausprobiert hat mit mir, nach drei Monaten wieder verlassen. Um Gottes willen! Da muss ich gegensteuern, ihn verwöhnen von vorne bis hinten, alles tun, um ihn zu halten. Ein schrecklicher Fehlgedanke! Denn wer so agiert, kann seine Beziehung gleich abschreiben, weil er sie aus dem Gleichgewicht bringt. Jeder Mann und jede Frau suchen nach gleichberechtigten Partnern, die nicht nur fürs Bett, sondern auch für die Freundschaft gut sind. Ein Paar funktioniert immer dann, wenn man sagen kann »Mein Mann/Meine Frau ist mein bester Freund«.

Das häufigste Übel aber ist *der Verdacht*. Ein Verdacht, es könnte etwas mit einer anderen Person laufen. Warum erzählt er so oft von Gabi? Warum erzählt sie so oft von Hartmut? Was macht er wirklich, wenn er behauptet, er habe Überstunden? Wo treibt sie sich rum, wenn sie angeblich mit ihrer besten Freundin ins Kino geht? Ein Verdacht kann sowohl auf mangelndem Selbstbewusstsein als auch auf allgemeiner Unsicherheit fußen. Zwei Faktoren, die sehr miteinander verwandt sind.

Aber ein Verdacht kann auch damit zu tun haben, dass es wirklich einige Ungereimtheiten zwischen den Partnern gibt. Ungenaue oder schwammige Aussagen, die oft nicht mit der Realität übereinstimmen, wenn man sie genau anschaut.

In vielen Fällen gibt es gar keinen Grund für einen Verdacht. Denn der Partner will sich vielleicht nur wieder auf sein soziales Leben vor der neuen Beziehung besinnen und nicht mehr jeden Abend bei Kerzenschein und sanfter Musik Liebesbezeugungen von sich geben, sondern auch mal wieder ganz deftig zum Stammtisch gehen. Was doch mehr als verständlich ist. Aber schon bei diesen einfachen Selbstverständlichkeiten reagiert der Partner eifersüchtig bis zum Geht-nicht-mehr, macht sich unbeliebt und lächerlich.

Natürlich gibt es noch jede Menge Eifersuchtsgründe mehr. Einer der häufigsten ist der noch bestehende oder sogar freundschaftliche Kontakt mit dem Expartner. Besänftigungsversuche wie »Wir sind nur noch gute Freunde« oder »Wir müssen unsere Beziehung noch abschließen, lass uns doch ab und zu zum Essen oder auf ein Bier gehen« greifen nicht. Es kommt dagegen viel zu oft zu hässlichen Szenen und Vorwürfen: »Du liebst sie/ihn immer noch, gib's doch endlich zu.« Das ist dumm und schädlich für die neue Beziehung. Wer schlau und logisch denkt, macht sich den oder die Ex zur Freundin oder zum Freund. Da ist ein Mensch auf dieser Welt, der Ihren Partner einst geliebt hat, wie Sie ihn jetzt lieben. Das ist doch nicht nur ein Mitbewerber oder

Konkurrent, das ist doch ein Seelenverwandter! So eine Freundschaft ist unbedingt zu suchen. Wenn Sie Ihren Partner lieben, dann sollten Sie auch seine Vergangenheit akzeptieren und ihn als »Gesamtkunstwerk« lieben. Alles andere funktioniert nicht.

Egoistisch, eifersüchtig, lächerlich handelt jeder, der von seinem neuen Partner erwartet, dass es die Vergangenheit nicht mehr geben darf. Also striktes Kontaktverbot zu ehemaligen Lebensgefährten verlangt, am liebsten hören würde, dass er oder sie so blöd und schrecklich war, dass eine weitere Beziehung auf freundschaftlicher Basis schlicht unmöglich ist. Der Partner wird Ihnen diese Zusicherung im anfänglichen Liebesrausch vielleicht geben. Aber nur deshalb, weil er nicht das neue Glück gefährden will. Er wird sich irgendwann erpresst fühlen. Und die Rechnung dafür bekommen Sie früher oder später.

All das sind Lebensweisheiten, die jeder vernunftbegabte Mensch sicher nachempfinden kann, sofern er nicht selbst gerade im Eifersuchtswirbelsturm steckt. Wenn es aber um Fremdgehen und Trennung geht, oder auch nur gehen könnte, wird die Eifersucht zügellos und unkontrollierbar.

Gründe für Fremdgehen und Trennung

Man muss keine Hexe und auch kein Magier sein, um zu erkennen, warum sich Paare nach der anfänglichen Verliebtheitsphase wieder trennen. Es sind nämlich immer wieder dieselben Gründe.

Man hat in der Verliebtheits- und Balzphase zu hoch gepokert, will schließlich nicht, dass der Partner das *Pokerface* entlarvt und das wahre Gesicht sieht. Ein Gesicht, das durchaus auch mal gestresst und müde sein kann, das nicht mehr das Antlitz des genialen Lovers abgibt, der man so gern sein möchte.

Ein anderer, häufiger Grund: Es gibt in unserer rasanten Gesellschaft immer wieder *sexhungrige »Piraten«*, die mitnehmen, was sie kriegen, und denen alles andere egal ist. Die also zunächst den verliebten Traumpartner mimen, sich nach der Balzphase aber so schnell wie möglich wieder zurückziehen, neuen Abenteuern entgegen. Wer nach der großen Liebe sucht und dabei einen Piraten erwischt hat, ist natürlich erst mal ziemlich am Boden. Doch nur wer aufgibt, hat verloren. Man muss viele Frösche küssen, bis endlich mal ein Prinz dabei rauskommt.

Dann kommt gleich der *Besitzerwahn*. Einer der beiden Partner will den anderen besitzen, mit Haut und Haar, lässt keine Nebenaktionen des anderen mehr zu, will, dass sich der andere voll und ganz auf die große neue Liebe konzentriert. Die dann sicherlich vor lauter Enge im Nichts verpuffen muss.

Am schrecklichsten ist die lähmende *Gewohnheit*. Der Sex findet nur noch als Pflichtübung statt; die Romantik existiert nur noch in der Erinnerung. Man bleibt trotzdem zusammen. Mehr schlecht als recht.

Wenn nun ein netter Flirt daherkommt und das Alltagsleben deftig durcheinander wirbelt, kann in den bereits beschriebenen Situationen über Nacht der *Seitensprung* entstehen. Schließlich ist man/frau ja auch nur Mensch und hat Triebe und Instinkte.

Hier gilt es zwischen dem spontanen und dem wohl geplanten Seitensprung zu unterscheiden. Man geht nämlich nicht »fremd«, man geht »bekannt«. Ein alter Freund wird's wohl sein, der diesen großen Bruch herbeiführt. Den Bruch zwischen der idealen Beziehung auf der einen Seite – und der Eifersucht, dem Besitzerwahn, der Gewohnheit auf der anderen.

So ein Seitensprung hat fast keine Bedeutung, wenn er in einer sektseligen Atmosphäre irgendwo zwischen Bar und sonst was entstanden ist. Nur Dummköpfe machen nach der narzisstischen Verletzung ein Drama oder gar eine Trennung daraus. Nach einem Seitensprung ergibt sich nämlich stets die Chance, gemeinsam das offenbar unbefriedigende Sexualleben zu korrigieren.

Ein bewusst und bei klarem Verstand ausgeführter Seitensprung aber kann das Leben verändern. Vielleicht ist nun der Partner da, mit dem man den Rest seines Lebens verbringen möchte. Was weniger mit Sex als mit geistiger Übereinstimmung zu tun hat.

Wenn der Partner aber ein *Verhältnis* pflegt, eins, das über mehrere Monate Bestand hat oder länger, dann sollten die Alarmglocken läuten. Aber wenn Sie es selbst entdecken oder wenn er so ehrlich und mutig ist, es Ihnen zu gestehen: Bitte keine Dramen, Vorwürfe, keine Attacken gegen den Nebenbuhler, keine Selbstmordversuche oder sonst was. Das sind alles Aktionen, die Sie weiter von Ihrem Partner entfernen. Er kann nämlich im neuen Verliebtheitsrausch nicht das Geringste mit negativen Schwingungen anfangen, wird diese vielmehr von sich stoßen und verteufeln, weil er im Moment nichts anderes als verliebt sein will.

Niemand auf dieser großen weiten Welt verliebt sich, um Ihnen wehzutun. Es ist halt passiert, der Blitz hat eingeschlagen, und nun müssen alle mit dieser neuen Situation fertig werden.

Eine Trennung akzeptieren oder nicht?

Ich erinnere noch einmal an die Überschrift, die über allen Eifersuchtsgeschichten stehen muss: Eifersucht ist kein Beweis für Liebe, höchstens einer für Eigenliebe und Egoismus. Wenn wir feststellen müssen, dass unser Partner jemand anderen gefunden hat, so ist der Schmerz besonders tief. Dieser Schmerz geht in alle Bereiche. Er beginnt beim verletzten Narzissmus und geht bis hin zum bedrohlichen Gefühl des Alleingelassenwerdens.

Einer der möglichen Gründe für eine Trennung oder zunächst für Fremdgehen kann sein, dass Sie sich anders entwickelt haben als Ihr Partner. Einer der beiden Partner ist – auf Grund welcher Umstände auch immer – in eine andere Richtung gegangen als der andere. Das sind Entwicklungen, die sich manchmal schon sehr früh andeuten, die aber immer wieder vernachlässigt werden. Dabei ist es, bei allem Freiraum, den man sich gegenseitig gibt, immer von höchster Wichtigkeit, dass man sich ständig austauscht und darüber informiert, wo man innerlich gerade steht und welche Phase man gerade erlebt. Und noch wichtiger ist es, dass man den anderen nie herablassend behandelt, wenn er gerade eine neue Richtung ausprobiert. »Du und dein blödes Fitnessstudio!« oder »Glaubst du wirklich, dass ausgerechnet du und dein blöder Umweltclub die Katastrophe aufhalten können?«, das sind Sprüche, die für jede Beziehung mehr als gefährlich sind. Wenn einer in der Beziehung einen gewissen Bereich getrennt gehen will, so darf man sich nie deswegen vom Partner entfernen. Im Gegenteil: Man muss sich stets interessieren, was da gerade passiert, damit man nicht eines Tages außen vor ist.

Bereits in kleinen Sticheleien und Lästereien zeigen sich Eifersucht und Unsicherheit. Da macht der andere etwas, was man nicht nachempfinden kann und will – aber ganz geheuer ist es einem doch nicht, dass er es alleine macht. Ich frage mich dann immer, warum die beiden es nicht gleich zusammen angepackt haben.

Aber nun ist es offenbar zu spät. Die einst gemeinsame Entwicklung ist auseinander gedriftet, die Gewohnheit hat die Beziehung abgetötet, die ständigen Eifersuchtsverdächtigungen haben schließlich so genervt, dass es nun tatsächlich passiert ist. Er/Sie hat eine andere oder einen anderen.

Wer eine langjährige Beziehung deswegen einfach über Bord wirft, ist ein Idiot – Verletzung des Selbstwertgefühls hin oder her. Ihr Partner hat sich nicht deswegen anderweitig verliebt, um Ihnen wehzutun. Sondern weil er sich nach Liebe sehnt, die Sie ihm offenbar nicht gegeben haben. Oder weil er Abwechslung braucht oder weil er sich bei Ihnen nicht mehr verstanden fühlt oder aus noch einem anderen Grund.

Die Frage ist nun, ob man die neue Beziehung akzeptieren soll, was natürlich Hand in Hand mit der eigenen Trennung geht, die bestimmt sehr schmerzhaft ist. Dazu ist es wichtig zu überprüfen, wie bedeutsam die neue

Beziehung schon ist. Ist es ein Ausrutscher oder ist es wirklich ein Neuanfang, den Ihr Partner erlebt? Sprechen Sie mit ihm. Ohne Schaum vor dem Mund, ohne Vorwürfe zu machen und ohne zu jammern. Und vor allem, ohne den Dritten schlecht zu machen oder sich abfällig über ihn/sie zu äußern.

Der Begriff des Lebensabschnittspartners hat meiner Meinung nach durchaus seine Berechtigung. Man ist einen gewissen Abschnitt gemeinsam gegangen, stellt irgendwann fest, dass man sich alles gegeben hat und dass jetzt nur noch Routine und Gewohnheit vorherrschen, und beschließt dann, den nächsten Abschnitt des Lebens mit jemand anderem zu gehen. Die alte Vorstellung »bis dass der Tod uns scheidet« war noch nie so romantisch, wie es uns Romane und Filme weismachen wollen. Das Zusammenbleiben auf Gedeih und Verderb in früheren Zeiten hatte oft nur damit zu tun, dass die Frau vom Mann wirtschaftlich abhängig war und es sich gar nicht leisten konnte auszubrechen, weil sie sonst in der Armut gelandet wäre. Also blieb man lieber zusammen.

Viele Beziehungen bestehen erst einmal weiter, auch wenn ein Dritter im Bunde ist. Manchmal allerdings nur, um den Schein nach außen zu wahren. Galt man nicht bei allen Freunden und Bekannten lange genug als das Traumpaar schlechthin? Und jetzt soll man sich die Blöße geben, dass man gescheitert ist?

Frauen reagieren oft viel vernünftiger als Männer. Sie haben zwar sehr schmerzhaft feststellen müssen, dass eine andere im Spiel ist, aber sie fangen sich irgendwann. Und gehen mehr oder minder vernunftbegabt an die ganze Sache heran. Abgesehen von jenen hysterischen Exemplaren der Gattung Frau, die der Nebenbuhlerin das Auto zerstören, die Wohnung demolieren oder ihr Gehässigkeiten und Tod und Teufel an den Hals wünschen, die Pest und was weiß Gott nicht noch alles. Diese Hysterikerinnen müssen sehr schnell merken, dass sie mit ihrem Verhalten den Schlussstrich unter ihre Beziehung gezogen haben. Denn so lustig, wie sich das alles in der Komödie darstellt, ist es im wirklichen Leben noch lange nicht. Und der Partner wird sich angewidert abwenden, früher oder später.

Männer reagieren im Fall der Präsenz eines Nebenbuhlers dramatisch bis komisch. Wie ein von einer Jagdkugel getroffener Hirsch brechen sie im Sonnenuntergang zusammen, malerisch inszeniert und von den Klängen eines Symphonieorchesters begleitet, das das Lied vom Tod spielt. Sieh mich an, o Weib, sieh, was du mir angetan hast! So oder so ähnlich.

Männer sind viel mehr zum Abbrennen von Kurzschluss-Feuerwerken prädestiniert als Frauen. Sie lauern dem Dritten auf, versprechen ihm Prügel, stellen ihre Freundin oder Frau vor ein Ultimatum, »entweder er oder ich, du musst dich entscheiden«. Womit eigentlich in der Regel alles schon vorbei ist. Bravo, Herr Hirsch, toll gemacht.

Aber was tun? Der Schmerz sitzt tief, und das bisher gelebte Leben kommt ins Wanken, gerade bei Langzeitbeziehungen. Wer kriegt die Wohnung, wem gehört der Goldfisch? Und hier, der Toaster – weißt du noch, wie wir ihn in Venedig gekauft haben? O ihr Götter, ich will mich beileibe nicht lustig machen über Trennungsängste jeder Art, aber sie haben so viel Komik in sich, dass ich manchmal nicht an mich halten kann. Sie laufen nämlich alle nach dem gleichen Muster ab. Nach einem sehr albernen Muster.

Wichtig ist es daher zunächst, die ganze Sache auszusitzen. Das ist nicht leicht. Besonders dann nicht, wenn man sich zu Hause quält und sich gerade vorstellt, was der bislang Liebste mit der Neuen alles anstellt. Aber nur wer die Kraft hat, die neue Balzphase des Partners auszusitzen, hat auch die Möglichkeit, ihn zurückzugewinnen. Irgendwann wird aus dem tollsten Robin Hood wieder der normale Verwaltungsangestellte und aus der tollsten Lady Chatterley wieder die Kassiererin bei Tengelmann. Das wissen wir doch aus eigener Erfahrung. Also abwarten.

Erst jetzt ist der Zeitpunkt gekommen, um alles unter die Lupe zu nehmen. Sie haben Ihrem untreuen Partner nicht mit Meuchelmord gedroht, seine Katze weder gekreuzigt noch gevierteilt, sein Auto unversehrt gelassen und Sie sprechen auch noch wie normale Menschen miteinander. Also was jetzt, welche Beziehung ist wichtiger, die neue oder die alte? Hier kann nur ein intimes Gespräch zu zweit weiterhelfen. Ein Gespräch in der ruhigen Atmosphäre, in der man einander wirklich wahrnimmt.

Erst nach diesem Gespräch fassen Sie gemeinsam den Beschluss, wie es weitergehen soll. Keine Betteleien, keine Heulerei, kein Drama – sondern einfach nur ein sachliches Gespräch, eine Analyse. Oft empfiehlt es sich, bei solchen Gesprächen einen neutralen Schiedsrichter dabeizuhaben, den besten Freund oder die beste Freundin. Oder noch besser: einen Eheberater, der bislang weder die eine noch die andere Partei kannte, und der sicher neutral urteilen kann. Eheberatungsstellen (zu denen durchaus auch unverheiratete Partner hingehen dürfen) gibt es in fast jeder mittelgroßen Stadt. Ein Blick ins Telefonbuch genügt.

Was bei diesem Gespräch herauskommen soll? Im besten Fall eine Versöhnung. Aber die muss nicht unbedingt so aussehen, dass man wieder zusammenkommt und zum alten Status quo zurückfindet. Man kann sich durchaus auch anders versöhnen. Vielleicht in dieser Form: »Ich sehe ein, dass der Neue viel besser zu dir passt, als ich es tue, und ich wünsche dir viel Glück. Macht es gut und schaut mal wieder bei mir vorbei, zu zweit, und wir gehen gemeinsam eine Pizza essen.«

Sie finden das idealisiert, illusorisch und unrealistisch? Sie werden sich wundern: Es gibt diese neuen Paare, die schon so leben und fühlen. Nicht viele sind es, aber ich habe festgestellt, dass es immer mehr werden. Sie orientieren sich an einer alten Indianerweisheit: »So wie es ist, ist es gut.« Und es hat auch seinen Sinn, dass es so gekommen ist. Ein derartiges Verhaltensmuster beweist viel mehr Liebe als alle krampfhaften Versuche, die den anderen zurückgewinnen oder festhalten wollen.

Nur wer sich sicher ist, ganz neutral gesehen, oder zumindest so neutral wie in dieser verzwickten Situation nur möglich, dass der oder die Neue bestimmt nichts für den eigenen Fast-Ex ist, der sollte kämpfen.

Ich sage es noch mal, weil es gar nicht oft genug gesagt werden kann: Vorwürfe, Sticheleien, Attacken gegen den Dritten, Verwünschungen, Dramen jeder Art bis hin zu Selbstmordversuchen, Pochen auf Mitleid, Appellieren an gemeinsame Werte – all das sind keine probaten Mittel, um eine Umstimmung herbeizuführen. Im Gegenteil: Sie zementieren die Trennung. Wenn es Zeit für den anderen ist zu gehen, dann geht er auch. Gerade Frauen sind da sehr konsequent. Sie schauen sich geduldig wie ein Lamm die verfahrene Situation so lange wie möglich an, um dann umso intensiver und selbstbewusster irgendwann auszubrechen, ohne Rücksicht auf Verluste. Wenn Frauen innerlich eine Beziehung abgeschlossen haben, dann sind sie fertig. Ohne Gnade und ohne Wenn und Aber.

Zahlreiche Männer dagegen neigen zum Lancieren. Sie versuchen es noch einmal, auch zwei- oder dreimal, wollen irgendwie ohne große Szene davonkommen und sich geradezu davonstehlen.

In beiden Fällen gilt die Kraft der Vernunft. Wer einsehen kann, dass der oder die Neue viel besser passt – was auf Grund narzisstischer Verletzungen meist nur sehr schwer möglich ist –, der soll den bisherigen Partner in Frieden ziehen lassen. Für solche Fälle empfehle ich das Abschiedsritual, das ich schon vorgestellt habe.

Wer sich aber wirklich sicher ist, dass der oder die Neue absolut nicht passt, und das bestimmt nicht nur aus Egoismus, sondern aus reiflicher Überlegung, der kann auch in die Schatztruhe der Magie greifen. Im folgenden Kapitel also Rezepte, die den »untreuen« (ich hasse dieses Wort, denn es trifft die Situation nicht) Partner wieder zurückbringen sollen.

Wer sich also sicher ist, dass der oder die Dritte im Bunde ganz bestimmt nicht der oder die Richtige ist, dass es sich hier nur um einen Ausrutscher, ein Alarmsignal oder Ähnliches handelt, der darf magisch tätig werden. Wer aber aus Egoismus um jeden Preis seinen Partner zurückgewinnen will, einfach deshalb, weil er dessen Zuwendung zu einer anderen Person nicht ertragen kann, der sollte unbedingt von magischen Mitteln Abstand nehmen.

Die dritte ins Spiel gekommene Person als Feind zu betrachten ist kindisch und wenig hilfreich. Sie müssen immer davon ausgehen, dass Sie mit diesem Menschen etwas gemeinsam haben, nämlich die Liebe zu Ihrem Partner. Die Konkurrenz kann Ihnen vom Wesen daher gar nicht so fremd sein, sie ist vermutlich eher seelenverwandt mit Ihnen. Denn schließlich und endlich haben Sie sich ja beide in den gleichen Mann oder in die gleiche Frau verliebt. Für Feindschaft ist da kein Platz.

Immer wieder kommen Eifersüchtige zu mir, die dem Nebenbuhler Tod und Teufel an den Hals hexen wollen, die von mir diesbezügliche Rituale und sonstige Tricks erwarten. Ein Ansinnen, dem ich naturgemäß nicht nachkommen kann. Denn hier müsste ich mich in den Bereich der Schwarzen Magie begeben, von dem ich mich aber grundsätzlich fern halte.

Je entschlossener Sie gegen den Dritten vorgehen, umso wahrscheinlicher wird die Möglichkeit, dass sich Ihr Partner schützend und solidarisch gibt, dass eine Gemeinschaft entsteht, die nach einiger Zeit nicht mehr zu lösen ist. Sie schneiden sich mit derartigen Aktionen also garantiert ins eigene Fleisch. Neid, Missgunst, Wut und Hass waren schon immer die falschen Motive zum Handeln. Auch wer mit diesen Motiven kurzfristig Erfolg haben kann, wird sie eines Tages mit dem berühmten Rückkopplungseffekt wieder präsentiert bekommen. Denn jedes Gefühl, das wir losschicken, kommt auf dem einen oder anderen Weg wieder zu uns zurück.

Natürlich ist es nicht leicht, dem Nebenbuhler gegenüber Sympathie aufzubringen. Schließlich wird durch sein Erscheinen Ihr ganzes Leben durcheinander gebracht. Aber haben Sie sich schon gefragt, warum diese dritte Person ausgerechnet jetzt in Ihr Leben getreten ist? Wäre nämlich Ihre Beziehung in Ordnung, hätte dieser Mensch nicht die geringste Chance gehabt. Er zeigt Ihnen auf, dass es höchste Zeit ist, nachzudenken und einiges umzuorganisieren. So verrückt und abstrus es klingt: Eigentlich müssten Sie ihm dankbar sein.

Sie haben sich entschlossen, trotz all dieser Bedenken, mit den Mitteln der Magie um Ihren Partner zu kämpfen. Ich gehe davon aus, dass Sie sich bislang richtig verhalten haben, keine albernen Dramen oder Erpressungsversuche gestartet haben, dass Sie auch so clever waren, den Nebenbuhler nicht in die Märtyrerecke zu stellen, indem Sie ihn beschimpft und bekämpft haben, dass Sie also jemand sind, der sehr bewusst an das Problem herangeht.

Für solche Fälle habe ich ein New-Orleans-Voodoo-Ritual ausgewählt, das über sieben Tage geht. Das hat natürlich seinen besonderen Grund. Ich möchte, dass mit der Beschäftigung mit den magischen Inhalten erstens eine Art Ablenkung und zweitens eine Art Ruhe einkehrt, sofern das in dieser Situation möglich ist. Wer wie ein verletztes Tier hastig und wutschnaubend durch die Gegend rennt, macht mehr kaputt, als er jemals wieder gutmachen kann. Die Zeit ist auf Ihrer Seite, also bleiben Sie ruhig und gelassen.

Sie sollten dieses Ritual am besten sieben Tage vor Vollmond beginnen und dann am letzten, also dem Vollmondtag, den Abschluss finden. So wirkt es am besten.

Das Ritual ist der Göttin Gran Zareignee gewidmet, einer Voodoo-Gottheit, deren Symbol die Spinne ist. Bevor Sie anfangen, bringen Sie dieser Göttin ein Opfer. Sie nehmen sieben weiße getrocknete Bohnen und legen diese auf einen weißen Teller und bieten sie der Göttin an. Sieben ist die Zahl des Sieges.

Nun malen Sie mit Taubenbluttinte das Amulett der Göttin, und zwar auf Seide oder Pergament. Wichtig dabei ist, dass der Untergrund orangefarben ist. Das Amulett der Voodoo-Göttin Gran Zareignee sieht so aus:

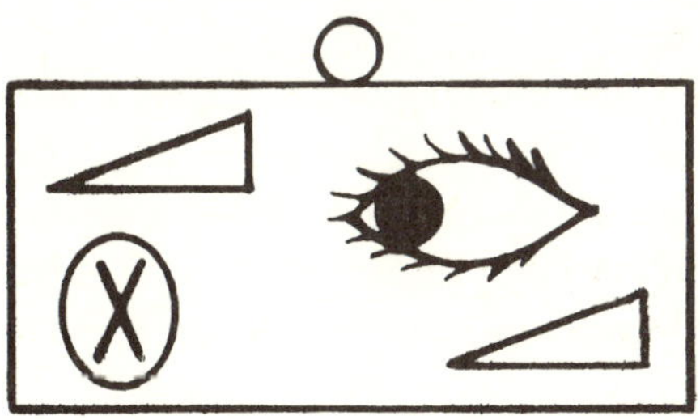

Der Vorgang des Malens muss langsam passieren. Sie müssen sich immer wieder auf Ihren Partner konzentrieren, der gerade andere Wege geht und den Sie gerne zurückgewinnen wollen. Geben Sie alle Energie, die Sie haben, in diesen Vorgang des Zeichnens oder Malens.

Nun bereiten wir eine Räucherung vor, die ein wenig aufwändig ist. Auch hier geht es um die Konzentration der Gedanken, die Sie in Richtung Ihres Partners schicken, der gerade in anderen Gewässern segelt, aber zu Ihnen zurückfinden soll.

Sie benötigen folgende Zutaten: 1 Tasse Rosenblätter, 1 Teelöffel Oris-Powder, ½ TL Salz, 1 TL Lavendel, 1 TL Vanillezucker, ½ TL Bayberry-Powder, 1 TL Anis-Powder, 1 TL Dragon Blood und 1 TL Attraction Insence. Sie dürfen bei den Dosierungen nur geringfügig variieren, je nach persönlichem Wohlgeruch, sollten sich aber dennoch im Großen und Ganzen an die angegebenen Mengen halten. Das Ganze wird in einer Holz(!)schüssel gemischt, zugedeckt und zunächst zur Seite gestellt.

Nun besorgen Sie sich eine Rolle Holzkohletabletten (Basistabletten für Räucherungen jeder Art, gibt's im Hexenladen), eine rosafarbene Siebenknotenkerze, ein kleines Stück Pergamentpapier und ein Fläschchen mit der Ölmischung für Luv Luv.

Das alles sollte vorbereitet sein, bevor das Ritual sieben Tage vor Vollmond beginnt. Dann geht's los:

Sie bringen eine Räuchertablette zum Brennen oder Glühen und träufeln darauf etwas von der Mischung, die Sie vorbereitet haben. Neben der Räucherung steht die Siebenknotenkerze auf dem Stück Pergament, das Sie mit dem Namen des Geliebten sieben Mal beschrieben haben, am besten mit Taubenbluttinte. Unter dieser Kerze liegt das Pergament gut, lassen Sie es unangetastet.

Jeden Tag brennt nun ein Knoten der Kerze ab, jeden Tag konzentrieren Sie sich auf Ihr Anliegen. Sie begehen dieses Ritual am besten täglich zur gleichen Stunde. Und Sie baden sich vorher. Ins Badewasser geben Sie täglich sieben Tropfen Luv-Luv-Öl.

Der Energieaufwand ist groß bei diesem Ritual, aber darum geht es ja. Bevor Sie irgendeinen sozialen Unsinn anstellen, dem Nebenbuhler die Autotür verkleben oder dem Geliebten ein Selbstmorddrama vorschmachten, beschäftigen Sie sich lieber mit der Kraft der Kerzen, Öle und Räucherungen. Zumal es hier um Kräfte geht, die nachgewiesenermaßen in Ihrem Sinne wirken.

Sie können dieses Ritual dreimal wiederholen, jeweils zum beginnenden Vollmond. Dann haben Sie die drei Monate, die normalerweise für eine Balzphase ausreichen, sinnvoll ausgestanden. Wenn Sie es schaffen, mit Konzentration, Gebeten, Ritualen die Zeit zu überbrücken, die Ihr Partner braucht, um wieder klar bei Verstand zu sein, haben Sie schon so gut wie gewonnen.

Erinnern Sie sich an Ihre eigenen Verliebtheits- und Balzphasen. Niemand ist in so einer Zeit des Lebens normalen Argumenten zugänglich. Und niemand lässt sich den Rausch der neuen Liebe zu nehmen. »Entweder der andere oder ich, bis morgen hast du Bedenkzeit«, wird also garantiert zum Schuss, der nach hinten losgeht. Das kenne ich nicht nur aus unzähligen Fällen meiner Beratungspraxis, das ist sogar statistisch erwiesen.

Die Kraft, die Sie benötigen, um das gesamte Problem in seiner ganzen Größe auszusitzen, muss auch irgendwo herkommen. Gespräche mit Freunden sind dabei oft sehr nützlich, denn das Wichtigste ist, in solchen

Lebensphasen nicht in die Isolation abzutauchen. Dann drehen sich die Gedanken im Kreis, werden zu unkontrollierbaren Wirbelstürmen.

Freunde aber, die mit »Jetzt hast du dir wirklich genug gefallen lassen« daherkommen, die an Ihren Stolz appellieren statt an Ihre Liebe, die können Sie vergessen. Liebe kennt keinen Stolz und das ist gut so.

Der generelle Tipp sieht also wie folgt aus: Bringen Sie die Zeit und die Kraft auf, die Ihr Partner braucht, um wieder auf die Erde zurückzukommen. Im Moment der Verliebtheitsphase schwebt er in anderen Dimensionen; Sie haben keine Chance, an ihn heranzukommen. Höchstens in der Form, dass Sie wie sein permanent vorhandenes schlechtes Gewissen wirken. Was Sie bitter bereuen werden. Denn niemand, wirklich niemand, hört sich gerne Gejammer und Vorwürfe an.

Und dann all die Fantasien, die Ihnen das Leben zur Hölle machen! Liegen die beiden gerade im Bett? Machen sie genau das,was wir immer gemacht haben, als die Welt noch in Ordnung war? Probieren sie gerade diese oder jene Stellung aus? Reden sie bei der Zigarette danach vielleicht über mich?

Machen Sie sich frei von solchem Mist, denken Sie lieber an all die schönen Dinge, die Sie mit Ihrem Partner erlebt haben. Und danken Sie ihm dafür. Wenn er jetzt andere Wege geht, dann hat das seinen Grund. Ein Grund, der auch mit Ihnen zusammenhängen kann. Denn eine Beziehung ist nie und nimmer ein Ruhekissen. Sie will jeden Tag gepflegt, gehegt und ausgebaut werden. Das kann ich gar nicht oft genug sagen.

Suchen Sie also im Fall der konkret berechtigten Eifersucht erst einmal nach Entspannung. Salbei- oder Baldrianräucherungen sind dabei sehr hilfreich, ebenso solche Bäder. Machen Sie es sich hübsch zu Hause, schaffen Sie sich ein Nest der Geborgenheit. Jeder Mensch braucht so ein Nest; und jeder Mensch muss es sich letztlich alleine schaffen.

Wie attraktiv dieses Nest ist, bestimmen einzig und allein Sie. Ich kenne einen Fall, da hat sich allein durch die »Nestfrage« im Leben der beiden Betroffenen, oder der drei Betroffenen, alles radikal verändert.

Zwei junge Leute, er 28, sie 27, beide gut verdienende Journalisten, haben sich ein Reihenhäuschen gemietet und gemeinsam eingerichtet. Richtig hübsch, den Bedürfnissen beider entsprechend, nicht zu viel und nicht zu wenig, es hat rundum gepasst. Dann kommt sie dahinter, dass er eine Affäre hat und reagiert wie eine Furie. Schmeißt alles aus dem Fenster, seine mitgebrachten Möbel, Bilder, Kleidungsstücke, und vor allem seine geliebte Briefmarkensammlung, lässt außerdem in einer Nacht-und-Nebel-Aktion das Türschloss auswechseln. Eine Verständigung war nach dieser Verletzung eigentlich unmöglich. Obwohl er, nach dem Abklingen der Verliebtheitsphase, eigentlich gern wieder zu seiner ursprünglichen Gefährtin zurückgekehrt wäre. Aber der Weg war ihm nach dieser wilden Aktion verbaut. Die Nebenbuhlerin konnte sich also schadenfroh den haltlosen Mann angeln, der heilfroh war, wieder ein Nest zu haben.

Konzentration und Gebete, vielleicht sogar mit kleinen Ritualen, hätten hier tausendmal mehr gebracht als Amoklaufen. Das sehen auch die beiden mittlerweile ein, die immer noch der Meinung sind, eigentlich und von Grund auf eine ideale Partnerschaft geführt zu haben. Immerhin sind sie inzwischen wieder freundschaftlich verbunden, was mich sehr freut.

Hexenweisheiten, die im Fall der konkreten Eifersucht korrigierend eingreifen können, gibt es sehr viele. Ich mag sie eigentlich gar nicht aufzählen und bekannt machen. Denn in den meisten Eifersuchtsfällen geht es doch nur um Egoismus und Rechthaben, schlicht und einfach um Machtkämpfe, die ich nicht unterstützen will. Der Durst nach Macht hat immer etwas mit Schwarzer Magie zu tun, einem Teilbereich der Magie, zu dem ich grundsätzlich nicht viel sagen will.

Wenn das Sieben-Tage-Ritual, das ich Ihnen in diesem Kapitel vorgestellt habe, nicht wirkt, und wenn Sie nicht die Geduld haben sollten, die dreimonatige Balzphase Ihres Partners abzuwarten, die leider jemand anderem gilt als Ihnen selbst, dann müssen Sie sich mit dem Gedanken an eine bevorstehende oder bereits vollzogene Trennung vertraut machen. Das ist nicht leicht, das weiß ich, aber eine andere Möglichkeit gibt es dann nicht.

Lassen Sie Ihren Expartner in Frieden ziehen, wünschen Sie ihm und seiner neuen Beziehung alles Gute, tun Sie das ohne Hass und Wut. Danken Sie ihm für die schöne Zeit. Gehen Sie friedlich auseinander. Alles andere ist Unsinn, der Ihnen eines Tages schaden wird.

Der Sexrausch

Jede Partnerschaft erfährt in der Anfangsphase eine wilde Zeit der Lust. Man kann gar nicht mehr von dem anderen lassen, denkt Tag und Nacht an ihn, will am liebsten 24 Stunden am Tag mit ihm im Bett verbringen. Fast alles reduziert sich auf Sex. Gerade dann, wenn vor dem Beginn der neuen Partnerschaft eine längere Zeit der sexuellen Abstinenz vorherrschte.

Jeder Sexrausch definiert sich nicht nur durch unstillbares Verlangen, sondern auch dadurch, dass jedes logische Denken so gut wie unmöglich geworden ist. Man kann also in solchen Phasen schwerwiegende Fehler machen, die sich später bitter rächen werden. Also Vorsicht.

Der Schlimmste aller Fehler ist, den anfänglichen Sexrausch als Beweis für die funktionierende neue Liebe anzusehen und zu werten: »Wenn wir uns im Bett gut verstehen, dann auch im Alltagsleben.« Das stimmt natürlich so nicht. Denn wenn der ganz normale Sexrausch ausklingt, und das ist wie gesagt nach drei bis vier Monaten, wird das häufig als nachlassende Liebe gewertet. Was problematisch werden kann und oft zu erneuten Anstrengungen führt, den Sexrausch wieder zu beleben. Und das, obwohl man im bisherigen Umfang eigentlich keine Lust mehr aufeinander hat. Sex wird zur Pflichtübung. Und Probleme schwirren unausgesprochen in der Luft, die dann mit erneuten Anstrengungen in sexueller Hinsicht aus dem Weg geschafft werden sollen. Doch niemand kann Probleme »wegbumsen«, das funktioniert nicht.

Nach dem ersten sexuellen Feuerwerk entscheidet sich, ob die neue Beziehung Bestand haben kann. Ob man noch mehr voneinander haben will als nur die Körpersäfte. Wer schlau ist, baut also bereits in der Sexrauschphase vor und sorgt für Gemeinsamkeiten außerhalb des Lotterbettes. Das können sowohl gemeinsame Hobbys als auch Aktivitäten sein und vor allem tiefe Gespräche, in denen es nicht nur um das eine geht.

Geht die sexuelle Gier über die anfängliche Phase des gegenseitigen Kennenlernens und Erkundens hinaus, dauert sie deutlich länger als drei oder vier Monate, so ist Vorsicht geboten. Denn es kann durchaus sein, dass neurotische Störungen vorliegen, die wir rauskriegen müssen.

Zu viel Sex macht auch nicht glücklich – Beispiele aus der Praxis

Wenn ich im Folgenden das Wort »Sexrausch« verwende, so möchte ich damit ausdrücklich die Begierde der Kennenlernphase ausklammern. Denn in dieser Phase ist dieser Rausch normal. Wenn sich eine Beziehung jedoch auch nach drei bis vier Monaten nur um Sex dreht, dann ist der Wurm drin.

Das berühmteste Paar, das sich diesbezüglich vergaloppiert hat, sind die weltbekannten Schauspieler Liz Taylor und Richard Burton. Sie haben sich immer wieder getrennt und immer wieder zusammengerauft, weil sie sexuell einfach süchtig nacheinander waren. Doch die unzähligen Trennungen sprechen eine deutliche Sprache: Sex allein ist als Basis für eine Beziehung zu wenig.

Der Sexrausch nach der Balzphase kann Hinweis auf vieles sein: auf Eifersucht, auf eine ständige Suche nach mehr, auf Sucht und Suchtverlagerung, auf Unsicherheit und auf Besitzerwut. Das klingt jetzt alles sehr abstrakt, darum möchte ich diese These anhand von Beispielen aus meiner Beratungspraxis näher erläutern:

Liesbeth C. (45) ist seit sage und schreibe 26 Jahren mit einem Mann verheiratet, der drei Jahre älter ist als sie. Dieser Mann, nennen wir ihn Markus, redet von nichts anderem als Sex. Mal humorig, dann gierig, auf jeden Fall permanent und penetrant. Am liebsten möchte er dreimal am Tag mit seiner Liesbeth in die Kiste steigen, morgens, mittags und abends. »Was für eine glückliche Frau«, höre ich da manchen sagen, »nach fast 30 Jahren immer noch so begehrt zu sein, was Besseres kann ihr doch gar nicht passieren!« Stimmt nicht: Liesbeth ist mit den Nerven am Ende. Sie hat schon Angst, nach Hause zu gehen, weil sie genau weiß, was da passiert: Ihr Mann fällt wie ein wildes Tier über sie her, natürlich ohne jede Anwandlung von Romantik oder gar Erotik, einfach nur Sex pur. Bei genauerem Hinsehen offenbart sich des Rätsels Lösung: Markus, ein seit Jahren trockener Alkoholiker, hat seine Sucht verlagert: Sex statt Suff. Ich empfahl ihm eine erneute Suchttherapie, denn die bisherige hat wohl nicht funktioniert.

Alkohol und Drogen spielen übrigens viel öfter eine Rolle im Sex, als wir wissen. Ein berühmter Musiker, nennen wir ihn Konrad K. (49), konnte nur Sex haben, wenn er randvoll mit Kokain war. Einer der großen Nachteile bei Kokain im Zusammenhang mit Sex ist, dass man keinen Orgasmus bekommen kann. Und wenn doch, dann nur einen sehr schmerzhaften und unbefriedigenden. Konrad war also ständig auf der Suche nach der großen Erlösung, schreckte durch seine grenzenlose Gier eine Freundin nach der anderen ab. Nach dem ärztlich überwachten Entzug und der Therapie war dann alles besser.

Theresa L. (28) ist eine sehr attraktive Frau aus Lateinamerika, eine erfolgreiche Designerin noch dazu. Ihr Mann Bernhard L. (31) möchte am liebsten jeden Tag fünfmal mit ihr Sex haben, was Theresa inzwischen ganz schön auf die Nerven geht. Denn außer Sex gibt es anscheinend keine Gemeinsamkeiten zwischen den beiden. Seine Gier, so stellte sich in der Beratung heraus, fußte auf zwei ganz unterschiedlichen Punkten: Erstens wollte er ständig sein Terrain abstecken, sich und anderen beweisen, dass Theresa nur ihm gehört, Theresa dabei so müde machen, dass sie überhaupt keine Kraft mehr hatte, sich nach anderen Männern umzuschauen; zweitens liebte er eigentlich eine andere Frau, die er schon seit Jahren kannte – aber platonisch. Die Kombination aus diesen beiden Frauen wäre wohl die Idealfrau gewesen, also musste er mit doppelter Kraft zu Werke gehen.

Den überdrehten Sexrausch gibt es auch bei Frauen. »Bevor irgendeine andere Frau meinen Mann bekommt, und sei es auch nur für eine einzige Nacht, muss er sterben.« Sabine P. (45) sagte diesen Satz so ernsthaft und so oft, dass ich schon Angst vor ihr bekam. Das Verrückte dabei war, dass sie diese Geisteshaltung für Liebe hielt. Ich konnte ihr bis heute noch nicht klar machen, dass sie eigentlich nur eine maßlose Egoistin ist, die jede Nacht nichts anderes tut, als ihre Matratze aus Fleisch und Blut zu verteidigen. Noch lässt ihr Mann sich das alles gefallen. Aber meiner Meinung nach ist die Trennung nicht mehr allzu weit entfernt.

Bernd K. (38) ist Diskjockey. Er ist weder besonders attraktiv noch ein galanter Unterhalter, hat sogar eine kleine Hasenscharte. Aber er ist Diskjockey, der Mann hinter den Plattenspielern, der Macht hat. Und er hat einen sehr guten Musikgeschmack, mit dem er sich immer wieder in Szene setzen kann. Keiner hat die neuesten und schrillsten Platten schneller als Bernd. Er ist ein Trendsetter. Und ein Weiberheld. »Der reißt jede Nacht eine andere auf«, erzählen seine Freunde, und sie liegen mit dieser Einschätzung nicht verkehrt. Bernd hat das »Weiberaufreißen« zum Sport gemacht. Er sorgt dafür, dass so viele Leute wie möglich mitbekommen, wenn er wieder ein Opfer an der Angel hat. Das steigert sein Selbstwertgefühl. Denn Bernd leidet eigentlich an großen Minderwertigkeitskomplexen. Sein selbst inszenierter Sexrausch soll ihn davon befreien – was natürlich nicht klappt. Er braucht dringend eine Therapie.

Der Sexrausch nach der Balzphase ist dann grundsätzlich erst einmal in Ordnung, wenn beide Partner ihn wollen. In dem Moment aber, in dem einer der beiden Partner zu leiden beginnt, muss sofort Schluss damit sein. Nicht mit der Beziehung, aber mit dem maßlosen Sex. Eine Einsicht, die für jede Art von Sex Gültigkeit hat. Man kann alles miteinander machen, solange beide ihren Spaß daran haben. Wer aber aus der Verlegenheit der Situation heraus versucht, den Sexrausch zu steigern, der wird sein blaues Wunder erleben.

Den Sexrausch steigern?

Was jede Art von Rausch definiert, ist die Tatsache, dass sehr schnell die Dosis der Droge gesteigert werden muss. Denn sonst erlebt man den Rausch nicht mehr als Rausch, als glückseligen Taumel, sondern als bekannte Gewohnheit. Das ist bei Alkohol so, bei Heroin, beim Essen – und eben auch beim Sex.

Natürlich merkt der vom Sex Besessene sehr schnell, wenn der Partner nicht so richtig mitzieht. Aber Sexrauschpatienten – ich verwende das Wort »Patient« hier sehr bewusst – sind in vielen Fällen der Meinung, sie müssten den Sex nur noch attraktiver machen und schon stimmt das Leben wieder. Wobei sie natürlich nie feststellen, was für *beide* Partner attraktiv ist. Es fand nie ein Gespräch statt. Und wenn es Ansätze dazu gab, wurden diese abgewürgt. Der Patient wertet die Tatsache, dass sein Partner mit ihm ins Bett geht, als Zustimmung. Wie oft der Partner das nur des lieben Friedens wegen gemacht hat, wird keine Sekunde lang hinterfragt.

Nun tritt der Patient in eine Phase, in der es wirklich gefährlich wird: Er überrascht seinen Partner mit kleinen Extras. Das mag am Anfang ein harmloses Fesselspiel sein, am Ende jedoch eine Perversion, die der andere nicht mehr sexy, sondern schlicht und einfach abstoßend findet. Womit nach meiner Erfahrung jede Beziehung gelaufen ist.

So empfehle ich also dringend, jede mögliche Veränderung oder Steigerung des Sexualverhaltens, in welche Richtung auch immer, ganz vorsichtig auszutarieren und möglichst diese erst nach einem gemeinsamen Konsens zu praktizieren. Sonst landet das Ganze sehr schnell im Bereich der geschmacklosen Perversionen, die nicht mehr kontrollierbar sind.

Den Sexrausch runterschrauben?

Immer dann, wenn sich einer der beiden Partner von den sexuellen Bedürfnissen des anderen überfordert oder gar überrollt fühlt, wird es höchste Zeit für ein klärendes Gespräch. Was mache ich falsch? Was könnte ich verändern? Was könnte ich besser machen? Bei diesem Gespräch dürfen sich die beiden Partner nicht das Geringste schenken, auch wenn es anstrengend sein mag: Hier ist die Wahrheit gefordert, die Wahrheit und nichts als die Wahrheit.

Dass so ein klärendes Gespräch unter Umständen auch verletzend sein kann, liegt auf der Hand, schließlich ist der andere mit meinem Sex nicht zufrieden. Aber nur Dummköpfe reagieren auf eine ehrliche Kritik mit Gegenangriffen oder gar Rückzug.

Trotzdem ist es ratsam, weil Sex ein so sensibles Thema ist, Kritik grundsätzlich mit Lob zu verbinden. Das kann so aussehen: »Also gestern Abend, das war mir viel zu heftig und wild, aber vorletzte Woche, du weißt schon, am Samstag nach dem Baden, das war so süß und erotisch, das würde ich gern öfter haben.«

Stellt sich heraus, dass einer der Partner weniger Sex will, so ist es für den anderen höchste Zeit, seine Begierden herunterzuschrauben. Was leichter gesagt ist als getan. Denn Rausch ist schließlich Rausch. Ein tägliches Entspannungsbad in Melisse oder Hopfen kann sehr hilfreich sein. Und wenn dieses Bad mit einer sanften Selbstbefriedigung endet, kann niemand etwas dagegen haben.

Viel wichtiger aber ist es, den Grund für den Sexrausch einzukreisen. Die möglichen Ursachen dafür habe ich ja schon genannt. Will ich beeindrucken, will ich mein Revier abstecken, will ich mein Minderwertigkeitsgefühl bekämpfen oder will ich mich mittels Sex vor einer echten Beziehung mit geistiger Auseinandersetzung drücken? Oder habe ich vielleicht ein gesundheitliches Problem, bin süchtig nach dem permanenten Kick?

Es muss noch einmal ganz klar unterstrichen werden: Sex ist nicht Liebe, und Liebe ist nicht Sex. Es sind unsere Erziehung und unsere Kultur, die diese beiden Begriffe durcheinander gebracht haben. Lassen Sie sich bitte nicht in die Irre führen. Lernen Sie, zwischen diesen beiden Phänomenen zu unterscheiden.

Sex ist nicht einmal der Schlüssel zur Liebe. Man kann zum Beispiel wunderbaren Sex haben mit jemandem, den man nie lieben wird. Das ist so, auch wenn es unromantisch klingt. Warum gehen so viele Männer in ein

Bordell? Sie kaufen sich den Sex, den sie zu Hause nicht haben können. Warum werden sie trotzdem nie ihre Frau verlassen? Weil sie die Prostituierte einfach nicht lieben können. Und weil sie mit ihrer Frau zusammen sein möchten, die sie lieben. Manchmal allerdings auch, weil sie an einer vertraut gewordenen Situation festhalten wollen und sich vor Drama und Scheidung fürchten. Aber das steht auf einem anderen Blatt.

Sex an sich hat etwas Spezielles. Man zeigt sich nackt, ungeschützt, triebhaft und sehr intim. Man reduziert sich auf den Bereich der Instinkte. Deswegen ist das auch der Punkt, um den sich die meisten Eifersuchtsdramen drehen. Man will diesen intimen Bereich mit dem Partner für sich allein haben. Der Gedanke, dass jemand anderes ihn so nackt, ungeschützt, triebhaft und intim erleben könnte, macht rasend vor Eifersucht. Manche Eiferer stellen sich sogar ganz genau und Schritt für Schritt vor, was gerade im Moment des Seitensprungs passieren könnte. Und quälen sich damit selbst.

Sexualität zu zweit muss bewusst gelebt werden. Zumindest dann, wenn sie im Rahmen einer Beziehung steht, die Bestand haben soll. Jedes überaktive Sexmonster muss daher im Fall der partnerschaftlichen Kritik dringend eine Nummer zurückschrauben und andere Werte als nur den Orgasmus suchen. Und wenn dazu die Hilfe eines Therapeuten nötig ist, so sollte man auch diesen Weg nicht scheuen. Denn anderenfalls geht die Beziehung in die Brüche. Und zwar schneller, als Sie glauben.

Es gibt gewisse Worte im heutigen Sprachgebrauch, die durch ihre ständige Benutzung im Lauf der Zeit auch fehlinterpretiert werden. Und daher auch weiterhin falsch benutzt werden. Denken wir nur an das Wort »depressiv«. Jeder, der schlechte Laune hat, behauptet, dass er depressiv sei oder an einer Depression leide. Dabei ist eine Depression ein eindeutig definiertes Krankheitsbild, ein sehr ernst zu nehmendes noch dazu.

Ähnlich ist es mit dem Wort »Magie«. Wer etwas Schönes erlebt, behauptet leichtfertig, »magische Momente« hinter sich zu haben. »Magische Momente« werden heute überall erkauft: in der Reklame für Bücher und Filme, in der Parfüm- und Schokoladenwerbung. Aber ein schöner Film ist noch lange nicht magisch, geschweige denn eine appetitliche Tafel Schokolade.

Wenn jemand von magischen Momenten in Bezug auf Sex spricht, so ist auch dieser Begriff leidlich abgenutzt und wird daher leichtfertig und inflationär benutzt. Es kann ja durchaus sein, dass mit dem neuen Partner endlich eine derartige Übereinstimmung in sexuellen Dingen erreicht wurde, dass einem dieser Sex »magisch« vorkommen mag. Natürlich aber ist er es erst mal nicht. Er ist »nur« besonders schön und in dieser Form noch nicht bekannt. Glückwunsch übrigens.

Trotzdem gibt es so etwas wie Sexualmagie. Damit sind nicht all die kleinen Hilfsmittel gemeint, die ich Ihnen zum Teil schon vorgestellt habe, sondern eine konkrete magische Handlung, die durch die Energie, die beim Sex frei wird, gestützt oder sogar getragen wird.

Ich habe über dieses Phänomen der Magie schon in meinem Buch »Weiße Magie, Schwarze Magie, Satanismus« (Goldmann Verlag) geschrieben.

Alle Magier, die sich mit Sexualmagie beschäftigen, gehen von folgendem Grundsatz aus: Die Energie, die bei der Sexualität frei wird, soll genutzt anstatt als Befriedigung empfunden werden. Ein stark vereinfachtes Beispiel: Wer beim Orgasmus nicht an seinen Partner denkt oder an den gerade erlebten Genuss, sondern meinetwegen an beruflichen Erfolg und Geld, der handelt sexualmagisch.

Womit wir beim Denkansatz von Alister Crowley sind. Crowley lebte von 1875 bis 1947, kam aus dem englischen Plymouth und wuchs in einem streng religiösen Elternhaus auf. Die Crowleys waren Quäker; ihr wichtigstes Buch war also die Bibel. Auch der kleine Alister wurde immer wieder damit konfrontiert, fühlte sich dadurch aber mehr als belästigt. Bis er endlich Freude an allen Bibelstellen empfinden konnte, in denen es recht grausam zuging. Kein Wunder, dass er irgendwann einmal bei der Apokalypse hängen blieb, der Beschreibung des Weltuntergangs.

Ich habe schon viel über Crowley geschrieben und jeder kann das in meinen Büchern nachlesen. Hier daher nur eine kurze Faustregel: Crowley wandte sich in seiner Jugend dem Satanismus zu, empfand sich als »Das Tier« aus der Apokalypse, seine Kennzahl ist die 666, und er hatte auch keine Angst vor noch so abscheulichen Experimenten und Ritualen. Wenn er ein Skelett mit einer blutigen Leber fütterte, so war das noch eine seiner harmlosesten Übungen. Später aber kehrte Crowley dem Teufelskult den Rücken und widmete sich voll und ganz der weißen, also guten Magie. – Viele Billigsatanisten wollen das nicht wahrhaben und empfinden ihn immer noch als großes Vorbild.

Grund für Crowleys dramatische Jugendjahre und deren Folgen war sicherlich das bigotte Elternhaus. Einmal beschuldigte ihn seine Mutter wütend, der Antichrist zu sein, also der leibhaftige Teufel. Was den jungen und biegsamen Charakter des Teenagers bestimmt über alle Maßen beeindruckt und auch geängstigt haben muss. Bis er endlich die Rolle annahm, die seine hysterische Mutter ihm zugedacht hatte.

Auch wenn Crowleys Ruf bis heute von seinem Jugendwerk beeinflusst ist, müssen wir ihn als ganz großen Magier anerkennen. Seine Experimente und deren Ergebnisse waren sensationell.

Was er aber im Bereich der Sexualmagie anstellte, gehört zu seiner abstoßenden Sturm-und-Drang-Phase, also in die schwarzmagische Jugendperiode. Er suchte sich extrem unattraktive Sexualpartnerinnen, manchmal per Zeitungsinserat oder auch in einem billigen Bordell, und es waren auch oft kranke oder behinderte Frauen darunter. Man kann vermuten, dass er sich so rein auf die Energie konzentrieren wollte, die beim Sex frei wird. Peinlich genau führte er Buch: Geschlechtsverkehr wann und mit wem, wie lange, mit welcher magischen Absicht dahinter, hat sich das Ziel eingestellt oder nicht… Eine über alle Maßen menschenverachtende und abstoßende Aktion.

Rituellen Sex gibt es schon seit Urzeiten. Zwei Sekten, die Karpokratianer und die Phibioniten haben im zweiten Jahrhundert nach Christus in Europa den östlichen Tantrismus teilweise kopiert und Sexualmagie ausgeführt. Der Priester und eine »Auserwählte« übten auf einem Altar öffentlichen Beischlaf aus, und es kam oft zu Massenorgien. Alles unter dem Vorzeichen, damit höheren Mächten zu gefallen. Heute gibt es Sexexperimente in etlichen Ordensverbindungen, nennen wir sie besser Logen, unter anderem heißen sie O.T.O., Astrum Argenteum oder Fraternitas Saturni. Ich will keine Reklame für sie machen. Und immer wieder gibt es Spinner, die in die Schlagzeilen geraten, auch in Deutschland. Sogar im biederen Allgäu hat Anfang 2001 eine Aussteigerin gegenüber den Medien berichtet und Aufsehen erregt.

Man kann das alles abstrus und gefährlich finden – was ich übrigens auch tue, aber davon später –, doch die Grundüberlegung für Sexualmagie ist ja durchaus richtig: Bei jeder Sportveranstaltung, bei jedem Rockkonzert oder auch bei jeder politischen Zusammenkunft werden im Zusammenspiel aus Agierendem und Publikum jede Menge Energien frei. Man kann sie nicht messen; aber wir alle wissen, dass eine Fußballmannschaft, die angefeuert wird, besser spielt. Und wir wissen auch, dass im Spiel zwischen Rockstar und Fans ungeheure Kräfte frei werden können. Warum also die Energien, die beim Sex frei werden, nicht zielgerichtet nutzen? Die Antwort darauf im folgenden Kapitel.

Wo fängt Sexualmagie an und wo hört sie auf? Ist nicht auch schon ein Voodoo-Ritual, bei dem Sperma geopfert werden soll, ein sexualmagischer Akt? Und werde ich, wenn ich Ihnen so ein Ritual vorstelle, nicht auch zu einer Befürworterin der Sexualmagie?

Bestimmt nicht. Denn bei einem Opfer, das Sie mit sich selbst ausmachen – Sie können es auch ablehnen –, bleiben Sie Herr Ihrer Sinne. Es ist niemand da, der Sie in eine Situation bringen kann, die Sie Ihrer Würde beraubt oder sogar zu etwas zwingt, was Sie eigentlich gar nicht wollen. Wir wissen von etlichen Aussteigern aus schwarzmagischen Sekten, dass sie gerade unter dem sexuellen Missbrauch gelitten haben. Die außergewöhnliche Situation, vielleicht durch Gruppendynamik oder Drogen sogar verstärkt, hat ihnen im Moment die Sinne geraubt, sie waren zu schwach, sich zu wehren. Oft waren schwere psychische Störungen die Folgen: vom Schuldgefühl bis zu Depression mit Selbstmord.

Alle Gruppen, die Sexualmagie betreiben, müssen sich den Verdacht gefallen lassen, dass es bei ihnen in erster Linie nicht um magische Inhalte, sondern um die Befriedigung von Perversionen geht. Nicht umsonst werden solche Gruppen zu Sammelbecken von Vergewaltigern und Kinderschändern. Und was gerade bei Kindern mit sexuellen Übergriffen angerichtet werden kann, ob der Täter diese Übergriffe nun magisch begründet oder auch nicht, das ist mehr als erschreckend, abstoßend und zutiefst moralisch zu verurteilen.

Allein auf Grund des sozialen Umfelds selbst ernannter Sexualmagier ist dieses Gebiet weiträumig zu umgehen. Erschwerend kommt hinzu, dass es heute keinen vernünftigen Grund mehr gibt, Sexualmagie überhaupt nur zu versuchen. Die Yoga-Spielart Kundaline, bei der, ähnlich wie beim Sex, der Lumbalnerv stimuliert wird, ist wesentlich effektiver als alle Spielarten der Sexualmagie, die in ihrer Wirkung noch dazu nicht belegbar und daher fragwürdig sind.

Dennoch ist auch Kundaline nur mit größter Vorsicht zu genießen. Man muss sich schon eine längere Zeit mit Yoga beschäftigt haben und einigermaßen sicher auf diesem Gebiet sein, sonst kann man gravierende Fehler machen, die die Gesundheit massiv schädigen. Ein eingeweihter Magier, der zugleich auch Yoga-Lehrer ist, kann Ihnen wichtige Anleitungen und Informationen geben.

Damit soll es jetzt erst mal genug sein mit der Sexualmagie. Natürlich haben Sie von mir als Hexe ein Statement dazu erwartet, zumal es ja in Frankreich mal eine kleine Gruppe diesbezüglich aktiver Hexen gegeben haben soll. Doch erstens ist die Existenz dieser Gruppe nicht historisch belegt; und zweitens sind alle wilden Orgien im Zusammenhang mit Hexensabbat etc. nichts weiter als die Ausgeburt kranker Hirne, das dürfen Sie mir ruhig glauben.

Lassen wir also die Sexualmagie ruhig Sexualmagie sein und damit links liegen; sie ist nicht das Thema dieses Buches. Ich möchte zurückkehren zu den kleinen »magischen« Momenten. Und damit ich mir hier nicht selbst ein Bein stelle, wo ich doch vor ein paar Seiten noch die inflationäre und falsche Verwendung des Wortes »magisch« angeprangert habe, so sprechen wir ab sofort nur noch von »verzauberten« Momenten.

Sie und Ihr Partner können wirklich miteinander »zaubern«, das dürfen Sie mir ruhig glauben. Nicht mit Hokuspokusfidibus, sondern mit kleinen Aufmerksamkeiten, mit Ölen, leckeren Speisen, ausgesuchten Getränken, verführerischen Düften, schönen und sensibel wirkenden Kerzen und vielem mehr. Und vor allem durch Aufmerksamkeit. Aufmerksamkeit, die mit Höflichkeit und Rücksichtnahme anfängt, mit Verwöhnen weiterführt und in gegenseitiger Hochachtung und Respekt gipfeln soll. Wer nach diesem ganz einfachen und einleuchtenden Muster vorgeht, auch wenn es altbacken und abgedroschen klingen mag, hat schon mehr gezaubert, als die meisten Paare es heutzutage tun.

Kein Wunder, dass so viele Beziehungen in diesen hektischen Zeiten regelrecht »einschlafen«. Aber auch dagegen lässt sich etwas tun. Mit gesundem Menschenverstand und kleinen magischen Hilfestellungen. Damit Sie das Zaubern nicht verlernen.

Eine eingeschlafene Beziehung aufwecken

Wir haben schon weiter vorne darüber gesprochen, was Sie tun können, wenn die Macht der Gewohnheit eine Beziehung zu töten droht. Auf einmal ist das, was anfangs noch aufregend und neu war, altbekannt und vertraut. Das Lächeln, das exotische Hobby, die spontane Lust am Ausgehen, der Sex. Ich konnte Ihnen ein paar Tipps geben, wie Sie der Gewohnheit ein Schnippchen schlagen.

Noch viel schlimmer als die Macht der Gewohnheit ist der Stillstand. Bei der Gewohnheit passiert wenigstens noch etwas, wenngleich stereotyp und austausch- bis wiederholbar. Aber es regt sich noch etwas im Wechselspiel zwischen den Partnern, während beim Stillstand sich nichts mehr rührt. Ich nenne so eine Beziehung eine »eingeschlafene Beziehung«.

Sie wissen genau, was ich damit meine. Das Leben läuft nach einem gleich bleibenden und festgefahrenen Muster ab. »Papa« geht morgens zur Arbeit, »Mama« kocht etwas mehr oder minder Leckeres. Bussi beim Heimkommen, Bussi beim Weggehen. Papa kommt heim, knallt sich vor den Fernseher, schaut Sportschau. Mama will Papa vom Ärger mit dem Hund der Nachbarin erzählen, aber Papa fühlt sich gestört, will seine Ruhe. Papa hat seinen bequemen Trainingsanzug an,

Mama trägt Lockenwickler. Ein vertrauter Anblick, auf beiden Seiten. Wenn es anders wäre, würden beide einen Riesenschreck bekommen. Papa füttert noch den Wellensittich, denn das gehört zu seinen Aufgaben, und Mama spült nach dem Essen ab. Dann ein Krimi oder eine Show in der Glotze; Mama stopft nebenbei die Socken. Wann immer sie mit Papa ein Gespräch anfangen will, brummt er zurück. Zeigt mit seinem Brummen, dass er seine Ruhe will und dass der Fernseher wichtiger ist als seine Frau. Irgendwann schleppen sich beide ins Bett. Bussi auf die Backe, gute Nacht, schlaf gut. Mama dreht sich nach links, Papa dreht sich nach rechts.

Und das alles Tag für Tag, Nacht für Nacht, Monat für Monat, Jahr für Jahr. Keine Aufregung, keine Eifersuchtsdramen, keine nennenswerten Tief- oder Höhepunkte. Na ja, Höhepunkte oder so etwas Ähnliches schon, vielleicht alle drei bis vier Wochen bekannter Sex, eins, zwei, drei, kommen wir zur Sache, du hast es doch immer gewollt auf diese Art, einmal rein und einmal raus, fertig ist der kleine Klaus. Und schnarcht. Eine Sache von fünf Minuten, man soll's ja schließlich nicht übertreiben.

Urlaub seit acht Jahren immer wieder in Griechenland. In dem netten Hotel, in dem wir immer sind. Da stimmt wenigstens das Preis-Leistungs-Verhältnis und man weiß, mit wem man es zu tun hat. Und die Müllers aus Wanne-Eickel sind bestimmt auch wieder da, dann können wir wieder Canasta spielen zusammen. War immer sehr nett.

Die Eigentumswohnung ist fast abbezahlt, das Auto

auch, und nächstes Jahr kriegt Papa bestimmt die längst fällige Beförderung. Die Kinder sind aus dem Haus, kommen aber jedes Weihnachten zum Geschenkeabholen. Ist in Ordnung so, muss wohl so sein. Hauptsache, es ist etwas Anständiges aus ihnen geworden. Peter ist etwas Wichtiges bei irgend so einer Internet-Firma; Monika macht ihren eigenen Friseursalon auf. Papa und Mama sind stolz.

Ist es wirklich nötig, dass ich noch weiter aushole in meiner Schilderung einer eingeschlafenen Beziehung? Es dürfte alles klar sein. Jeder weiß, was ich meine.

Was aber, wenn einer der Partner, oder vielleicht alle beide, mit dieser Situation nicht mehr zufrieden ist? Sich unwohl und um das eigene Leben betrogen fühlt? Oder gar aufbegehrt, rebelliert und was ändern will?

Nach den Gründen suchen

Eine eingeschlafene Beziehung, wie ich sie beschrieben habe, lief über Generationen hinweg unter der Bewertung »normal«. Man durfte sich also nicht beschweren, wenn sich eine Ehe oder Beziehung in derartige Gleise verirrt hatte, sondern hatte dies als gegeben hinzunehmen. Man konnte sich ja auch gar nicht trennen, denn allzu oft waren beide Partner finanziell voneinander abhängig. Zumindest die Frau war es. Und dem Pascha zu Hause hat's ganz gut so gefallen, mehr oder weniger. Und um Gottes willen, eine Trennung! Was sollten die Nachbarn, die Freunde, die Eltern sagen? Diese Schande!

Heute ist das anders. Viele Paare sind Doppelverdiener, die Welt ist aufgeklärt und weiß um ihre Probleme, und was Eltern oder Nachbarn sagen, ist ziemlich egal. »Selbstverwirklichung« heißt die Parole, und daran ist zunächst nichts Schlechtes. Genügt nur noch ein heiß kochender Seitensprung oder gar eine Nebenaffäre von einem der Partner, und schon ist alles kaputt und in Scherben.

Ich empfehle grundsätzlich allen eingeschlafenen Partnern, schon vor dem Moment des Auftauchens eines geheimnisvollen Dritten – und der kommt so sicher wie das Amen in der Kirche – aktiv zu werden. Die meisten eingeschlafenen Paare können nämlich eine Affäre nicht als Chance für einen Neubeginn begreifen, sondern neigen deutlich zu Überreaktionen – was im Endeffekt auf eine Trennung hinausläuft. Man muss sich wundern, wie spießig und reaktionär viele »Betrogene« reagieren, und das in unserer angeblich so aufgeklärten Zeit.

Wer sich in seiner Beziehung irgendwie unwohl fühlt, über- oder unterfordert oder gar gelangweilt – und darum soll es in diesem Kapitel besonders gehen –, der muss aktiv werden. Und zwar sehr schnell und konsequent. Das Wichtigste dabei ist die Ehrlichkeit gegenüber sich selbst. Dabei können eine gute Freundin und ein guter Freund nur bedingt hilfreich sein. Die Hauptarbeit bleibt bei der ganz intimen Gewissenserforschung.

Schrecklich, wenn diese Gewissenserforschung sofort auf andere abgewälzt wird! Etwas noch nicht eindeutig Definiertes stimmt nicht in der Beziehung, und schon rennt der wach werdende Partner zu mir in den Hexenladen und verlangt nach einem Ritual, damit wieder alles ins Lot kommt. Oder will die Karten gelegt haben, das Pendel pendeln sehen und die Horoskope vergleichen, ob derjenige, mit dem man schon seit Jahren zusammen ist, tatsächlich der oder die Richtige ist. Natürlich lässt sich das machen, aber sind wir doch ehrlich: Wie soll ich als Hexe in einer Beratungsstunde, versehen mit Namen und Geburtsdatum des immer noch Schlafenden, im besten Fall noch mit einem Foto, sofort die Patentlösung parat haben? Freilich geben die Karten, die Numerologie oder auch das Pendel eine gewisse Art von Auskunft – aber wer kann eine ausführlichere Antwort über einen Menschen geben, als der oder die, mit dem dieser Mensch schon seit vielen Jahren zusammenlebt?

Die Gründe für eine eingeschlafene Beziehung müssen Sie also bitte selbst suchen. Auch wenn es schmerzhaft ist. Nehmen Sie sich ein Blatt Papier, falten Sie es der Länge nach, und schreiben Sie links die Plus- und rechts die Minuspunkte für Ihre Beziehung auf. Lassen Sie sich Zeit dabei. Und achten Sie darauf, dass Sie nicht gestört werden. Stellen Sie die Klingel ab, hängen Sie das Telefon aus. Machen Sie zuvor in Ihrer Wohnung eine Reinigungsräucherung (Salbei), träufeln Sie ein paar Tropfen »Adam & Eve«-Ölmischung auf das Blatt, auf dem Sie schreiben möchten. Und nun schreiben Sie. Ehrlich und ohne jeden Kompromiss. Kompromisse haben Sie über all die Jahre schon genug gemacht.

Jetzt haben Sie also diesen Zettel in der Hand, auf dem links steht, was Ihnen alles an Ihrer Beziehung gefällt, rechts alles, womit Sie Schwierigkeiten haben. So eine Liste kann folgendermaßen aussehen:

PLUS	**MINUS**
Geborgenheit	Langweiliger Sex
Soziales Ansehen	Selbstverständlichkeit
Er hat Humor	Er schnarcht
Das Haus	Ich bin gefangen
Schöne Partys	Blöde Urlaube
Das Auto	Zu wenig Geld
Der Hund	Er füttert ihn nie

... und so weiter und so fort. Ich will Sie jetzt nicht auf Ideen bringen oder Ihnen irgendwelche Mustervorschläge machen, die Sie dann vielleicht umsetzen möchten. Schreiben Sie einfach munter drauflos. Und wenn Sie noch ein zweites oder gar drittes Blatt Papier benötigen, dann macht das auch nichts.

Wenn Ihre Plus-Minus-Liste fertig ist, sehen Sie schon, wohin Ihre Beziehung im Moment tendiert. Denn Sie haben bestimmt auf einer der beiden Seiten einen Überhang an Stichwörtern. Das heißt, es sind Ihnen entweder mehr Plus- oder mehr Minuspunkte im Hinblick auf Ihre Beziehung eingefallen. Das bedeutet allerdings nicht das Geringste im Hinblick auf die Zukunft. Machen Sie also bitte auf keinen Fall ein Orakel aus dieser

Liste. Sie hilft Ihnen nur, die Situation zu analysieren, die einzelnen Punkte zu bedenken und ins Auge zu fassen.

Und zu besprechen. Und zwar mit Ihrem Partner. Es sollte Ihnen zuvor gelingen, Ihren Partner dazu zu überreden, ebenfalls eine solche Liste aus seiner Sicht aufzustellen. Lassen Sie keine Argumente gelten, die er anbringen möchte, um sich diese Arbeit zu ersparen. Bestehen Sie darauf!

Wenn Sie nun diese beiden Listen vor sich haben, machen Sie einen feierlichen Moment aus der Situation der Veröffentlichung. Zünden sie rosafarbene Kerzen an, legen Sie sanfte Instrumentalmusik auf. Und nun lesen Sie sich gegenseitig Ihre Plus- und Minuspunkte vor. Jeder Vorlesende darf auch Erklärungen zum Stichwort abgeben. Der Partner darf aber nicht relativieren oder gar widersprechen, er darf nur zuhören. Und das im Wechselspiel. Es darf auf keinen Fall eine Diskussion entstehen, die vielleicht in Trotz, Beleidigtsein oder gar Aggression mündet!

Nachdem jeder der Partner alles gesagt hat, was ihm zur bestehenden Beziehung einfällt, sollte die gegenseitige Anhörung mit einem kleinen Versöhnungsritual beendet werden. Manchmal tut's ein Küsschen auf die Wange, manchmal eine Umarmung. Meistens aber ist einer der Partner nach solch einer Handlung verletzt. Und zwar derjenige, dem es eigentlich gefällt, wie es gerade läuft und der überrascht von all den Punkten aus der Negativliste des anderen ist. Er muss also jetzt ein bisschen verwöhnt werden. Mit einem Beruhigungsbad vielleicht (Baldrian, Kamille) oder mit einem leckeren

Dinner (Salat mit Rosenblättern). Beide Partner müssen streng vereinbart haben, dass heute nicht mehr über die Liste gesprochen wird.

Die Aussprache kommt erst beim nächsten Vollmond, weil dann die Energien besonders stark fließen. Jetzt darf jeder sagen, was sich nach einer Zeit des Nachdenkens in ihm angesammelt hat in Bezug auf die Liste des anderen. Zwischen dem Termin des Listenaustausches und des nächsten Vollmonds sollten mindestens sieben Tage liegen. Gestalten Sie diesen Termin ebenfalls ein wenig feierlich, mit einer aufgeräumten Wohnung (oder besser noch in einem schicken Restaurant), mit Kerzenlicht aus rosa Kerzen, mit feierlicher Kleidung beiderseits, mit einem netten Essen, das den Körper nicht belastet.

Beginnen Sie diese Aussprache, indem Sie nette Geschichten aus Ihrer Verliebtheits- und Balzphase herauskramen. »Weißt du noch, wie wir damals am Tegernsee auf dieser Strandpromenade beinahe hingefallen wären, weil wir uns ständig und rund um die Uhr geküsst haben?« »Kannst du dich noch an den netten Hotelchef in Marokko erinnern, der uns mit Händen und Füßen klar machen wollte, dass wir nicht mehr so laut beim Sex sein dürfen?«, und so weiter. Solch ein Einstieg schafft Harmonie und steigert die Chance auf ein versöhnliches Gespräch.

Und nun zur Sache, Punkt für Punkt. Wobei niemals eine Beleidigung ausgesprochen werden darf, von beiden Seiten nicht. Jeder Punkt muss positiv formuliert werden. Also nie: »Was bei uns im Bett passiert, ist ein Trauerspiel«, sondern immer: »Ich würde mich so freuen, wenn wir wieder den Sex miteinander hätten, den wir bei unserem Marokkourlaub hatten.« Noch ein Beispiel, denn dieses Verhaltens- und Formulierungsmuster muss man üben: Niemals »Du bist so nachlässig geworden im Lauf der Jahre« sagen, sondern »Deine Blumen zu meinem 40. Geburtstag waren die schönsten, die ich je gekriegt habe. Schenk mir doch noch mal solche«.

Das gegenseitige Gespräch, ich gebe es zu, ist in einer solchen Situation nicht leicht. Und auch die Spielregeln – immer positiv, niemals negativ sein oder gar verletzend – haben es in sich, das weiß ich. Wenn Ihnen Ihre Beziehung etwas wert ist, werden Sie sich die Mühe machen, diesbezüglich lernwillig zu sein.

Was aber tun, wenn nur einer der Partner lernwillig ist? Oder, noch schlimmer, wenn der andere den Vorschlag mit der Liste und den streng regulierten Aussprachespielregeln als albern oder kindisch abtut und sich sperrt?

Dann muss ein Mediator her, ein Vermittler. Und zwar immer der beste Freund des anderen, der beste Freund dessen, der sich sperrt. Er muss das Gespräch möglich machen, außerdem auf die Einhaltung der Spielregeln achten. Er darf nie seine eigene Meinung sagen, darf nie Partei ergreifen.

Wenn es keinen besten Freund gibt, der in solch einer Situation für die beiden Betroffenen gleichermaßen akzeptabel ist, muss ein Profi bemüht werden, ein Eheberater oder auch ein Psychologe. Das kostet zwar unter Umständen Geld, ist aber immer noch besser, als die Flinte ins Korn zu werfen.

Es wird sich ein Redeschwall entwickeln, das weiß ich aus Erfahrung, ein ganz verrückter und chaotischer Haufen von Vorwürfen und Meinungen. Kein noch so guter Vorsatz (»Immer positiv bleiben«), kein noch so guter bester Freund (»Jetzt muss ich aber auch mal was dazu sagen«) und kein noch so professioneller Mediator (»Ich verstehe jetzt überhaupt nicht mehr, um was es gerade geht«) können das verhindern.

Sie können aber eines machen, vorausgesetzt, es ist Ihnen daran gelegen, aus der eingeschlafenen Beziehung wieder etwas Lebendiges zu gestalten: Sie können sich vor dieser Unterredung mit Ihrem Partner ein kleines Amulett basteln, das Sie davor bewahren wird, allzu viel Geschirr zu zertrümmern.

Wieder ein Rezept aus der Hexentradition: Beschaffen Sie sich ein Foto Ihres Partners, was nach einer langjährigen Beziehung nicht schwer fallen wird, und kleben Sie dieses Foto Ihres Partners, auf eine kleine Scheibe aus Buchenholz. Die Buche bietet Schutz, hält also Ihre Hand auch über Ihre Beziehung. Dieses Amulett befestigen Sie an einer Halskette, beträufeln es mit je drei Tropfen Vanille- und Rosenöl und tragen es am Herzen während der Aussprache. Sie werden angenehm erleben, dass von diesem Amulett eine freundliche Harmonie ausgeht. Romantik und damit auch Erotik haben Defizite erfahren, darauf wird jede Aussprache hinauslaufen. Da können wir Hexen nachhelfen.

Die einfachsten Hausmittel, die noch nichts mit Hexenkunst zu tun haben, die aber dennoch dazu geeignet sind, eine schlafende Beziehung aufzuwecken, gleichen jenen, die ich vorne schon im Zusammenhang mit Gewohnheit und Eifersucht aufgeführt habe: neue Kleider, neue Frisur, neues Parfüm, neue Aktivitäten, neuer Freundeskreis und vieles mehr. Sie machen sich damit für Ihren Partner wieder interessant. Und wenn Sie dann noch den Grundsatz beherzigen, dass Sie nie jammern und anklagen, sondern stets positiv verstärken, dann sind Sie schon ganz schön weit.

Sie müssen bei allem, was Sie im Hinblick auf Ihre Partnerschaft unternehmen, von folgendem Grundsatz ausgehen: **Jeder Mensch muss sich zunächst selbst lieben, bevor er die Chance bekommt, von einem anderen geliebt zu werden.** Tun Sie sich also etwas Gutes, machen Sie sich attraktiv, verwöhnen Sie sich äußerlich und innerlich, lieben Sie sich selbst. Wie soll denn Ihr Partner Sie attraktiv finden und sogar lieben, wenn Sie nicht selbst in diese Richtung tendieren? Wollen Sie ihm das Unmögliche wirklich zumuten? Lieber nicht.

Also tun Sie Gutes für sich selbst, über die Palette der Hausmittel hinaus. Gestalten Sie sich einen Talisman, der Sie sinnlicher und begehrenswerter erscheinen lässt und tatsächlich auch macht. Die Figur, um die es bei diesem Talisman geht, sieht wie folgt aus:

Es handelt sich dabei wieder um ein Symbol für die Voodoo-Göttin Ezili Freda, sie ist die Göttin der Schönheit, der Sinnlichkeit, vergleichbar mit Aphrodite und Venus. Sie wird Ihnen helfen, wieder Schwung in ein erloschenes Sexleben zu bringen.

Die Figur wird auf ein kleines hellblaues Kissen gestickt, und zwar mit einem weißen oder besser noch mit einem silberfarbenen Seidenfaden. Dann machen Sie sich ein Halskettchen dazu, sodass Sie den Talisman ungefähr auf Herzhöhe tragen. Flüstern Sie beim Anlegen des Talismans die Worte »Patschuly, Mooga-karenga Desular Ezili«. Und machen Sie aus diesen Worten eine Art Mantra für sich selbst, flüstern Sie sie immer wieder, bei jeder sich bietenden Gelegenheit, vor sich hin. Natürlich besonders dann, bevor Sie Ihren Partner treffen.

Das Voodoo-Opfer für Ezili Freda besteht aus Amber- und Kamasutra-Öl, jeweils nur ein paar Tropfen.

Ein ganz berühmtes und auch besonders wirksames Voodoo-Ritual, das nur zu zweit ausgeführt werden kann, stammt von Marie Laveau, einer Hexe, die einst New Orleans in Staunen versetzt hat. Es dient dazu, beim Sex den höchsten Grad der Sinnlichkeit zu erreichen. Es hilft aber auch und besonders, festgefahrene Karren in punkto Sex wieder aus dem Dreck zu ziehen. Das Ritual soll bei zunehmendem Mond ausgeführt werden, am besten dann, wenn der Mond im Skorpion steht, und zwar in der Stunde der Venus, also entweder zwischen 6 und 7 Uhr oder zwischen 15 und 16 Uhr.

Dieses Ritual findet nicht im Freien statt, sondern innerhalb Ihrer Wohnung. Warum, wird Ihnen gleich klar.

Sie haben die Wohnung aufgeräumt, ein bisschen feierlich geschmückt mit Blumen, sanfte Instrumentalmusik aufgelegt, und Sie und Ihr Partner ziehen sich abwechselnd und zärtlich aus. Jeder reinigt den anderen unter der Dusche, dann wird ein Bad eingelassen, ins Badewasser kommt Kokos- oder auch Rosenöl. Ins Wasser kommen außerdem noch ein paar Tropfen Angel-, Come-to-me-, Sex- oder auch Love-me-Öl; im Badezimmer stellen Sie zwei Adam-&-Eve-Kerzen auf.

Das Gebet, zu wem auch immer, hat keinen vorgeschriebenen Text. Baden Sie gemeinsam, streicheln Sie sich ab und zu, aber gehen Sie auf keinen Fall zum Koitus über. Der ist in diesem Fall streng verboten.

Das Ritual kann bis zu zwei Stunden dauern; und es soll dreimal wiederholt werden. Am Schluss zieht man sich abwechselnd gemeinsam wieder an. Zuvor haben Sie ein bisschen Love-me-Powder auf Ihren Kleidungsstücken verteilt. Zeitaufwändig, ich weiß. Aber nehmen Sie sich die Zeit, Sie werden es nicht bereuen.

Und wenn Sie mir eines Tages einen Brief schreiben, dass alles geklappt hat, nur die Sache mit dem Koitusverbot war schwierig und das eine oder andere Mal schließlich nicht mehr durchführbar, so gibt es niemanden, der sich mehr darüber freut als ich.

Die Rezepte gemeinsam besprechen und beschließen

Wenn der Fall eintritt, dass nur einer der Partner die Notwendigkeit erkennt, dass die eingeschlafene Beziehung wieder aufgeweckt werden muss, so müssen Sie unbedingt noch mal zurückgehen auf die Punkte »Gründe suchen« und »Ein konstruktives Gespräch miteinander führen«. Es hat nicht den geringsten Sinn, aktiv zu werden, noch dazu magisch aktiv zu werden, wenn die andere Hälfte der Partnerschaft rundum alles ablehnt und sich sperrt. Die Partner müssen wirklich an einem Strang ziehen, sonst kann nichts Vernünftiges dabei rauskommen. Lediglich den Talisman für sich selbst, den ich im vorigen Kapitel vorgestellt habe, dürfen Sie allein und ohne das Wissen des anderen tragen. Vielleicht wird der Partner durch die Veränderungen, die mit Ihnen dann vorgehen, auf die Situation aufmerksam und kann sich entschließen, das Gespräch wieder aufzunehmen.

Was Sie gemeinsam beschließen, muss auch wirklich gemeinsam umgesetzt werden. Es macht keinen Sinn, wenn einer der Partner, der vielleicht im Umgang mit magischem Wissen schon etwas mehr Erfahrung hat, das Heft in die Hand nimmt und ein Tempo vorgibt, dem der andere nur schwer folgen kann. Dann wird sich bei dem Langsameren natürlich sofort Frustration einstellen, und das ganze Projekt gerät ins Wanken.

Zudem kann es auch sein, dass einer der beiden erst langsam an magische Angelegenheiten herangeführt werden muss, sich vielleicht sogar über derartige Zusammenhänge lustig macht und sie rundherum ablehnt. Es ist dann jede Menge Aufbauarbeit vonnöten, wenn Sie diesen Weg gehen wollen.

Was aber auf keinen Fall passieren darf, ist, dass Sie Ihrem skeptischen Partner gegen seine Überzeugung Rituale und anderes aufdrängen. Dabei gibt es nur eine kleine Einschränkung: Bei Ölen, die sexy und attraktiv machen, dürfen Sie auch ohne das Wissen des Partners aktiv werden. Sie dürfen sich aber nie dabei erwischen lassen, müssen immer konsequent bei der Version vom »neuen Parfüm« bleiben. Sonst fühlt sich Ihr Partner hintergangen und das bestimmt nicht ohne Grund.

Die Einsicht, dass eine Beziehung sanft eingeschlafen ist und dass man an diesem Zustand etwas ändern muss, sollte unbedingt von beiden kommen. Alles andere sorgt nämlich für eine vorprogrammierte Trennung, die dann voraussichtlich mit einem Wust von Vorwürfen einhergeht. »Schon seit einem Jahr rede ich auf dich ein, dass was passieren muss, aber du glaubst mir ja nicht…«

Wenn der eine der Partner sich wirklich konsequent mit Händen und Füßen dagegen sträubt, meine Hexenrezepte und -tipps auszuprobieren, so verzichten Sie bitte darauf. Hier bringt ein Mediator, also ein bester Freund oder ein professioneller Eheberater oder Psychologe wesentlich mehr. Zumindest kommen Sie Ihrem Ziel einen Schritt näher. Und aufgeschoben ist ja nicht aufgehoben.

Die gemeinsame Erkenntnis der Probleme ist auf jeden Fall ein guter Anfang, um sich einander wieder zu nähern. Aber Selbsterkenntnis ist eben *nicht* der erste Weg zur Besserung, sondern lediglich eine Einsicht. Nun kommt es auf die Umsetzung an. Es ist also dringend nötig, dass Sie die Rituale aus dem vorigen Kapitel mit der größtmöglichen Konzentration begehen und sich dabei von nichts ablenken lassen.

Wo liegen die Fehlerquellen?

Schrecklich, diese Vorstellung: Jetzt hat man es endlich geschafft, den Partner davon zu überzeugen, dass etwas zu passieren hat, dass die eingeschlafene Beziehung aufgeweckt werden muss, man hat ihn sogar davon überzeugt, dass er sich auf Rezepte aus der Hexenküche einlassen soll – und dann klappt es nicht. Nicht die geringste Besserung ist in Sicht, stattdessen bahnt sich wieder neuer Konfliktstoff an. »Ich habe dir doch gleich gesagt, dass dieser dumme Hokuspokus nichts bringt…«, »Du mit deinem blöden Hexenkram…«, »Jetzt langt's aber mit diesem ganzen Unsinn. Wenn ich mir andere Paare anschaue, dann stehen wir doch noch gut da…« und so weiter und so fort.

Wer einmal eingesehen hat, dass die Ehe oder Beziehung schläft, und wer fest daran glaubt, dass man sie zum Positiven wenden kann, der darf auf keinen Fall die

Flinte ins Korn werfen. Und schon gar nicht das Thema zu neuem Aggressionspotential werden lassen.

Geduld und Gelassenheit sind also die obersten Gebote. Es hat Jahre oder Jahrzehnte gedauert, bis Ihre Beziehung diesen desolaten Zustand erreicht hat, da dürfen Sie nicht erwarten, dass sich jetzt quasi über Nacht alles zum Besseren wenden kann. Wer das beherzigt, geht viel ausgeglichener an die Arbeit. Und dass es ein ganz schönes Stück Arbeit ist, das vor Ihnen liegt, das müsste klar sein.

Einer der wesentlichen Punkte, warum eine Beziehung emotions- und ziellos vor sich hindämmert, ist in jedem Fall die Bequemlichkeit. Es haben sich viele bequeme Verhaltensmuster eingespielt, und Bequemlichkeit ist ein wesentlicher Teil Ihrer Beziehung geworden. Darum fällt es jetzt auch schwer, die Ärmel hochzukrempeln und frisch ans Werk zu gehen. Doch wenn Sie etwas retten wollen, müssen Sie gerade diese Bequemlichkeit überwinden. Und natürlich darauf achten, dass Sie keine Fehler machen.

Eine der typischen Fehlerquellen bei der Ausübung magischer Handlungen habe ich gerade im vorangegangenen Kapitel erwähnt: die *Ungeduld*. Niemand kann von Ihnen erwarten, dass Sie über Nacht zum Experten avancieren, dass Sie alles richtig machen. Also wiederholen Sie Ihre Aktion so lange, bis sich zumindest ein Teilerfolg einstellt. Wenn sich überhaupt nichts in Richtung Besserung bewegt, dann fragen Sie eine Hexe oder einen Magier um Rat. In diesem Fall sollten Sie ein genaues Protokoll angefertigt haben, aus dem zu ersehen ist, wann Sie was gemacht haben. Zutaten, Uhrzeit, Wiederholungsdaten, kurz und gut, alles, was Ihnen wichtig und bemerkenswert erscheint.

Was sich immer wieder sehr schnell feststellen lässt: *falsche Zutaten* bei einem Ritual. Wer in die so genannte Esoterikabteilung eines Kaufhauses geht, um sich dort chemisch hergestellte Ölmischungen oder wild zusammengemixte Kräuter zu besorgen, darf sich nicht wundern, wenn von dieser Billigware kaum eine Wirkung ausgeht. Gehen Sie also zum Fachmann und zur Fachfrau, und lassen Sie sich ausführlich beraten. Ihr Glück sollte es Ihnen durchaus wert sein, dass Sie hier für echte Waren deutlich mehr bezahlen müssen.

Immer wieder passiert es, dass Leute, die schon seit langem Rituale praktizieren, anscheinend keinen Taschenkalender haben und wild drauflos experimentieren. Dabei ist der *falsche Tag* des Rituals oft fatal, ebenso wie der *falsche Ort*. Rituale werden grundsätzlich im Freien in der Nähe von fließendem Wasser begangen, und natürlich nur bei zunehmendem Mond oder Vollmond. (Es sei denn, die Anweisung gibt etwas anderes vor.)

Auch beim *Talisman* und beim *Amulett* kann man Fehler machen. Wer sich etwas Schickes zum Umhängen aus dem Urlaub mitbringt, hat deswegen noch lange kein wirksames Amulett und auch keinen hilfreichen Talisman erstanden. Nicht umsonst predige ich wiederholt, dass man sich diese Heilsbringer selbst anfertigen soll, aus Pergamentpapier, Holz, Metall oder Stoff, dass man sie besprechen soll und dass keiner außer Ihnen selbst sie anfassen darf.

Wo ebenfalls immer wieder klassische Fehler gemacht

werden: die Auswahl von *Kerzen* und auch *Farben*, dann natürlich auch chaotische Mixturen bei *Räucherungen,* wo viele Leute viel zu schnell kreativ werden wollen und sich schnell überschätzen. Es kommen also Räucherungen raus, die nicht nur in ihrer Wirksamkeit mehr als zweifelhaft sind, sondern die einfach auch schlecht riechen. Drum noch mal mein Tipp: Die Zeit läuft Ihnen nicht davon, lassen Sie sich beraten.

Der schlimmste Fehler, immer wieder, ist die *mangelnde Konzentration* bei Gebeten und Ritualen. Es genügt schon, wenn einer der Partner nicht richtig bei der Sache ist, schon ist der Erfolg des Gebets oder des Rituals stark gefährdet. Rituelle Handlungen müssen von Anfang bis Ende hoch konzentriert ausgeführt werden. Die Projektion auf das Ziel ist wichtiger als die Zutaten oder auch die begleitenden Utensilien. Es hat also nicht den geringsten Sinn, nach dem »Man nehme …«-Muster vorzugehen, wenn man dabei die Konzentration nicht aufbringt. Rituelle Handlungen sind, von der individuellen Kraft einzelner Zutaten abgesehen, in erster Linie dazu da, Ihre Konzentration zu steigern. Was bei Ihnen im Kopf nicht passiert, wird nie passieren.

Wenn Sie sich auf ein Ziel konzentrieren, so tun Sie das bitte nie in Form einer Jammerei. »Lieber Gott, ich hätte so gerne, dass mit meinem Partner wieder alles in Ordnung kommt, bitte, lieber Gott, mach das für mich.« Verzichten Sie auf solche Jammereien, sie sind peinlich. Bedanken Sie sich dafür, dass Sie dieses Ritual machen können, und projizieren Sie die angestrebte Situation so, wie Sie in Ihren Augen ideal aussieht. Also stellen Sie sich vor, wie Sie mit Ihrem langjährigen Partner wieder eine heiße Liebesnacht erleben, und stellen Sie sich ebenfalls vor, dass sich auch in anderer Richtung viel Neues in Ihrer Beziehung oder Ehe tut.

Damit sind wir bei einem wichtigen Punkt, der *Projektion.* Sie sollten genau wissen, was Sie anstreben. Kriegen Sie es durch Gespräche, Meditation oder auch Aufschreiben heraus. Der diffuse Wunsch »Es muss sich etwas ändern« genügt nicht. Sie müssen genau wissen, was sich ändern soll und wie das Idealbild Ihrer Beziehung aussieht. Also ganz konkret: Mehr gemeinsam unternehmen, mehr Urlaub, mehr Toleranz, weniger Leerlauf, mehr Geld, mehr Sex, mehr Gespräch. Es empfiehlt sich wieder, auch in diesem Fall, eine Liste der Idealpunkte anzulegen, die Ihnen schließlich ganz genau sagt, was Sie eigentlich wollen. Dann haben Sie die besten Chancen, wieder Schwung in eine eingeschlafene Beziehung zu bringen.

Ein Leben ohne Partner

Während sehr viele Menschen sich nichts sehnsüchtiger wünschen als eine feste Partnerschaft, in der auch sexuell alles im Lot ist, wächst gleichzeitig die Zahl derer, die geradezu panisch reagieren, wenn aus einer anfänglichen Verliebtheitsphase eine feste Beziehung erwachsen soll.

Man hört an Stammtischen immer wieder den abgenudelten Scherz »Warum gleich eine ganze Kuh kaufen, wenn ich ein Glas Milch trinken will?«. Was im Klartext heißt, dass man sehr wohl an Sex interessiert ist, aber mit allem anderen, was eine feste Bindung mit sich bringt, nichts zu tun haben will. Dass viele Stammtischbrüder diesen Spruch immer dann anbringen, wenn sie gefragt werden, warum sie immer noch solo sind, steht auf einem anderen Blatt. Freilich gibt es auch solche, die sich im Grunde ihres Herzens nach Geborgenheit sehnen, aber in der flotten und bierseligen Runde so tun, als hätten sie ausreichend Gelegenheit zum Sex. Sex ist ja schließlich auch ein Statussymbol, gerade bei Männern. Nicht umsonst wird in dieser Richtung angegeben, übertrieben und fabuliert, dass sich die Balken biegen.

In meiner Beratungspraxis aber häufen sich in letzter Zeit die Fälle, in denen es darum geht, aus einer sexuellen Beziehung eine richtige mit allem Drum und Dran zu machen. Meist sind es die Frauen, die irgendwann mit dem Wunsch nach mehr Gemeinsamkeit oder Zusammenziehen oder gar Ehe herausrücken. Kann sein, dass das mit einem genetisch programmierten Trieb zum Nestbau begründbar ist. Dass sie damit aber bei ihren Partnern oft regelrechte Panikattacken auslösen, ist ihnen nicht bewusst.

Eine feste Beziehung hat bei zahlreichen Männern den Beigeschmack von Freiheit-aufgeben, Eingesperrt-sein und Endgültige-Fakten-schaffen, unter denen man früher oder später zu leiden hat. Alle, die schon eine feste Beziehung hinter sich hatten, und damit vielleicht schlechte Erfahrungen gemacht haben, sind besonders schwer »unter die Haube« zu bringen. Andere aber, die ihre alte Beziehung nach einer Zeit des Nachdenkens und nach einer gewissen Trauerarbeit im Großen und Ganzen im Rückblick dann doch als positiv empfinden können, sie vielleicht sogar schmerzlich vermissen, wollen sofort wieder eine neue aufbauen. Vielleicht sind sie ja auch der Meinung, dass so etwas einfach zum Leben dazugehört.

Wenn nun diese unterschiedlichen Standpunkte aufeinander prallen, kommt es in der Regel zu schweren Konflikten, oft gar zur Auflösung des bestehenden Verhältnisses. Denn der Partner, der mit seinem Wunsch nach etwas Festem zurückgewiesen wird, empfindet das oft als narzisstische Verletzung, mitunter sogar als Beweis dafür, dass der andere ihn nicht richtig liebt.

Außerdem kann folgendes Problem dazukommen: Der mit seinem Wunsch nach Zusammenziehen oder gar Ehe abgewiesene Partner fängt an zu spekulieren und entwickelt schlimme Verdachtsfantasien. Will sich der andere ein Hintertürchen offen halten? Hat er vielleicht schon jemanden anderes auf dem Nebengleis? Oder habe ich es grundsätzlich mit jemandem zu tun, der nie und nimmer an eine feste Bindung gedacht hat, der heute hier und morgen dort die Betten anwärmt?

Natürlich gibt es auch solche Zeitgenossen, und zwar mehr, als man denkt. Menschen, die aus Überzeugung Single sind und es auch bleiben wollen, die aber durchaus die eine oder andere Versuchung am Rand mitnehmen wollen. Es liegt mir fern, so ein Verhalten moralisch zu werten, da muss jeder für sich persönlich einen gangbaren ethischen Weg finden. Was ich allerdings verurteile, ist, wenn überzeugte Singles ihrem Gegenüber in der Balzphase etwas vormachen, den weitergehend Interessierten spielen, um ans Ziel, sprich ins Bett, zu kommen. Zwei überzeugte Singles, die sich von Anfang an gegenseitig reinen Wein eingeschenkt haben, können also durchaus eine schöne Freundschaft haben, sogar eine mit Sex. Wenn beide nicht mehr voneinander wollen, so ist die Welt in Ordnung.

Doch das liest sich einfacher, als es ist. Denn meist tritt so eine Beziehung in einer Art Mischform auf: Der eine will etwas Festes, der andere nicht. Man hat sich zwar gegenseitig fairerweise die Wahrheit gesagt, hat aber im Lauf der Beziehung festgestellt, dass man doch mehr anstrebt. Oder, schlimmer: Einer der beiden hat zwar anfangs in der Verliebtheit die Position des anderen scheinbar akzeptiert, hat aber stets den Hintergedanken und die Hoffnung gehegt, den anderen umpolen zu können. Das ist unehrlich. Denn es gilt: Gekauft wie besichtigt.

Wer genau hinschaut, entdeckt bei beziehungsfeindlichen Menschen immer wieder dieselben Motive: Es sind die Angst vor Endgültigkeit und die Scheu vor Verantwortung. Schon die Umgangssprache zeigt, wo es langgeht: »Der- oder diejenige wurde »eingefangen«, steht jetzt »unter dem Pantoffel« und verbringt sein Leben »im Ehekäfig«. Aus dem Schnuckiputzi von einst wird ganz schnell »die Alte«.

Unehrlichkeit spielte auch bei Robert S. (42) aus Augsburg eine Rolle. Er wollte niemals mit seiner Susanne (39) »etwas Festes«, auf der anderen Seite fand er es aber recht praktisch, dass er sie immer anrufen und treffen konnte, wenn ihm der Sinn nach Sex stand. Denn schließlich klappte es mit den beiden im Bett wunderbar. Der Fehler dabei war, dass er wusste, dass Susanne ein Leben in Ehe und Familie anstrebte, und er so tat, als wolle er das auch. Schließlich wollte er sie ja behalten, zumindest in Sachen Sex. Bis Susanne ihm eines Tages die Pistole auf die Brust setzte, ihm einen Termin setzte – womit die Beziehung zu Ende war. Susanne beendete den Lebensabschnitt mit Robert sogar unter dem Aspekt der verlorenen Zeit, denn sie war ihrem Ziel nicht näher gekommen. Eine sehr schmerzhafte Trennung, eine noch schmerzhaftere Einsicht.

Auch überzeugte Singles, die jahrelang gut fahren mit ihrem Lebensstil, die auch nie lügen und mehr Interesse vortäuschen, können Probleme bekommen. Nämlich dann, wenn sich ihre Ansprüche ändern. Ernst M. (59) aus München ist so ein Fall. Als all seine Freunde schließlich verheiratet oder zumindest fest verbandelt waren, entwickelte er, der sie anfangs noch belächelte

(»Ihr und euer alberner Nesttrieb!«), Neidgefühle. Er war ein bisschen bequem geworden, und auf der Singlepiste war er auf Grund seines Alters auch nicht mehr der Hauptgewinn. Immer schwieriger war es geworden, jemanden für einen One-Night-Stand zu begeistern; und immer öfter hätte er auch gern einfach jemanden zu Hause gehabt, mit dem er hätte nett reden oder ins Kino gehen können. Jetzt hat er das Gefühl, dass es zu spät ist für eine feste Bindung. Denn schließlich sind ja alle attraktiven Frauen seines Alters schon »vergeben«. Sein Selbstbewusstsein ist angeknackst, und eine gewisse Torschlusspanik stellt sich ein. Was ihn natürlich keinesfalls begehrenswerter macht, im Gegenteil. Nach ein paar Entspannungsbädern mit Melisse und Love-me-Öl ging es ihm und seinem angekratzten Ego wieder besser.

Das Leben ohne regelmäßigen Sex und auch ohne festen Partner fußt nicht immer auf bewusstem Nachdenken. Oft schlittert man in so eine Entwicklung hinein. Und weil der Mensch ein Gewohnheitstier ist, kommt er aus solchen eingefahrenen Lebenssituationen schwer heraus. Darum macht es Sinn, sich einmal die Vor- und Nachteile genauer anzuschauen.

Was spricht dafür, was dagegen?

Die Vor- und Nachteile eines Lebens ohne festen Partner und auch ohne regelmäßigen Sex werden individuell erfahren. Was für den einen als Vorteil gelten mag, ist für den anderen eine untolerierbare Situation.

So kann sich natürlich jemand, der auf regelmäßigen

Partnerwechsel aus ist, über den ständig präsenten Reiz des Neuen freuen, erfährt also einen Vorteil. Der gierige Einmal- und Wegwerfsex führt aber nie zu weitergehenden Vertrautheiten, lässt viele Regionen des menschlichen Körpers unerforscht, muss in diesem Punkt also unbedingt als Nachteil gesehen werden. Denn es ist ja nie nur einer »gut im Bett«. »Gut« ist man immer nur zu zweit. Und zwar dann, wenn man sich auch gut kennt, wenn man durch Erfahrung rausbekommen hat, was der andere bevorzugt.

Der überzeugte und sexuell aktive Single kann sich immer wieder beweisen. Und das nicht nur im Bett, sondern auch und besonders schon im Vorgeplänkel beim Flirt. Er kann durch sein Eroberungsverhalten Pluspunkte fürs Selbstbewusstsein sammeln, erlebt also einen Vorteil. Er kann sogar angeben und lügen beim Flirten, kann sich als Generaldirektor einer großen Firma ausgeben oder als berühmter Regisseur, der Rollen zu vergeben hat. Er kann sich interessant machen und für eine Nacht der sein, der er gerne wäre. Alles Vorteile, oder? Der Nachteil: Er wird nie eine Vertrauensperson kennen lernen, weder sexuell noch sonst. Es wird niemanden geben, bei dem er auch einmal ausgefallene sexuelle Wünsche anbringen kann, und geschweige denn jemanden, bei dem er sich aussprechen kann, wenn er Ärger mit dem Chef gehabt hat. Man muss ja schließlich immer der tolle Hecht bzw. das Superweib sein.

Ähnlich verhält es sich bei der festen Beziehung oder Ehe in einer gemeinsamen Wohnung. Man kann und muss sich auch nicht mehr verstellen, man kennt sich in- und auswändig, man weiß, was man dem anderen sexuell und auch in der gemeinsamen Lebensplanung zumuten kann, man ist einfach zu zweit. Die üblichen drohenden Nachteile: die falsch ausgedrückte Zahnpastatube, die schlampig in der Wohnung verstreuten Socken und so weiter. Außerdem sexuelle Gewohnheit und Abstumpfung, wie ich sie schon in den vorigen Kapiteln beschrieben habe. Ich habe Ihnen aber auch gesagt, wie man aus solchen Situationen wieder rauskommt, sollten sie sich einstellen.

So weit die wichtigsten Aspekte für und gegen eine feste Beziehung. Jeder, der sich mit dieser Thematik befasst, wird noch spontan eine ganze Menge anderer Punkte aufführen können. Doch meist handelt es sich dabei um Ergänzungen und persönliche Interpretationen der hier schon angeführten.

Nun muss natürlich angemerkt werden, dass wir hier stets von Menschen gesprochen haben, die die Auswahl haben. Die also selbstverantwortlich entscheiden können, ob sie eine feste Beziehung mit regelmäßigem Sex eingehen wollen oder auch nicht.

Dabei wissen wir doch genau, dass es auch eine große Gruppe von Menschen gibt, die diese Entscheidungsmöglichkeit nicht haben. Die einfach keinen Partner finden, mit dem es so weit kommen könnte, dass man solche Punkte durchdenkt oder gar diskutiert. Die sich einfach selbst im Weg stehen, auf Grund von Minderwertigkeitskomplexen oder ungeschicktem Verhalten. Ich darf daher noch mal explizit auf den Anfang dieses Buches hinweisen. Denn ein Leben ganz ohne Beziehung und ganz ohne Sex halte ich für schwierig, zumindest in jüngeren Jahren.

Dennoch gibt es immer wieder Menschen, die es versuchen. Und das aus den verschiedensten Gründen. Auch aus esoterischen und religiösen Motiven. Wobei uns natürlich sofort das Zölibat der katholischen Kirche einfällt. Die Forderung nach sexueller Enthaltsamkeit wird im Allgemeinen damit begründet, dass man besser beten und meditieren kann, wenn man seine Triebe unter Kontrolle hält und alles Streben der höheren Einsicht widmet.

Onanie, die Liebe an und für sich

Sexuelles Erleben beginnt schon im Babyalter. Kleine Bübchen überraschen ihre Mami beim Wechseln der Windeln mit einer Erektion; kleine Mädchen genießen es sichtlich, wenn sie an der Brust saugen dürfen. Weitere Schritte in der sexuellen Entwicklung sind hinreichend bekannt: die anale Phase, die orale, die Scham- und die Forschphase und so weiter. Fachliteratur gibt es zuhauf.

Sexuell bewusstes Handeln aber beginnt erst mit der Onanie oder Masturbation, der Selbstbefriedigung. Onanie ist übrigens ein total falsch eingesetztes Wort. Onan ist ein biblischer Männername aus dem alten Israel. Und dieser Onan hat, statt seine Frau zu schwängern, »seinen Samen auf die Erde fallen lassen«, so ist es überliefert. Er hat also einen Interruptus begangen, den Geschlechtsverkehr vor dem Samenerguss unterbrochen. Von Selbstbefriedigung, die man normalerweise ja allein betreibt, also keine Rede, aber sei's drum.

Onanie findet vor allem im Geiste statt, weniger durch

reines Erregen der Geschlechtsorgane. Erst das Zusammenspiel zwischen Fantasie und Rubbeln oder Reiben macht Befriedigung möglich. Dass man sich dabei durch erotische Bilder, Texte oder Filme stimulieren lassen kann, ändert nichts an dieser Tatsache. Denn auch dann geschieht das Wichtigste im Kopf. Ein derbes und auch leicht geschmackloses bayerisches Sprichwort verdeutlicht, was ich meine: »Das Bumsen ist nie so schön, wie man sich's beim Wichsen vorstellt.« Was aber vom Kern der Sache gar nicht so weit entfernt ist, wie man vielleicht denkt.

Der Geist ist frei, das wissen wir. Die geheimsten Gedanken, die nie ein Freund oder ein Partner erfahren hat, haben im Geist ihren Platz. Daher wird in Onaniefantasien oft viel mehr Freiheit ausgelebt als im tatsächlichen Beischlaf. Man traut sich einfach mehr, man hat den Mut, das Unaussprechbare und für den Partner anscheinend Unzumutbare sich auszumalen und in Befriedigung zu verwandeln.

Mit dieser Freiheit und Diskretion der absoluten Anonymität werden also wildeste Stellungen ausprobiert, Vergewaltigungen begangen und sogar genossen, Machtfantasien ausgetobt und homosexuelle Neigungen angetestet.

Onaniefantasien heißen jedoch nicht automatisch, dass der fantasiebegabte Masturbierer seine Projektionen auch zwangsläufig ins reale Leben umgesetzt haben will. Eine Frau, die sich bei der Selbstbefriedigung eine brutale Vergewaltigung vorstellt, will noch lange nicht im wirklichen Leben zum Sex gezwungen werden. Und ein Mann, der sich den Luxus eines homoerotischen

Traumes gestattet, nicht unbedingt mit einem Mann ins Bett gehen. Hier muss ein ganz klarer Trennstrich zwischen Fiktion und Realität gezogen werden. Übrigens wie immer im Leben. Wer gerne Horrorfilme anschaut, möchte ja auch nicht unbedingt zum Vampir oder Monster mutieren. Es ist der Kitzel der Fantasie, mehr nicht.

Selbst wenn sich sexuelle Fantasie auf eine ganz bestimmte Person bezieht, auf eine bestimmte Frau oder einen gewissen Mann aus dem persönlichen Bekannten- oder Freundeskreis, so ist auch in diesem Fall unbedingt zu überprüfen, ob diese Person auch im richtigen Leben von sexuellem Interesse ist.

Selbstbefriedigung ist nichts Krankhaftes, wie man uns vor nicht allzu langer Zeit noch einreden wollte, als die Jungen dazu aufgefordert wurden, beim Schlafen die Hände über der Bettdecke zu lassen. Onanie ist auch nichts Verwerfliches. Sie ist ganz normal. Sie sorgt für körperliche Entspannung und für ein Training des Geistes im Hinblick auf Sex.

Wer aber kein anderes Sexualleben hat als das an und für sich, als die Selbstbefriedigung, sollte unbedingt nach den Gründen, nach dem Warum, forschen. Denn in der Fantasie kann man sich die höchsten Ziele stecken, mit Michael Jackson oder mit Britney Spears ins Bett steigen, mit Veronika Ferres oder Thomas Gottschalk. Wer auf dieser Stufe der naiven Starverehrung stehen bleibt, wird nie real erleben, Sex mit einem echten Partner haben können.

Onanie kann man einfach erledigen, wie eine lästige Pflicht, weil der körperliche Druck es verlangt. Man kann sie aber auch zelebrieren. Man kann es sich schön machen, den Akt der Masturbation schön vorbereiten, nett zum Essen gehen, auch allein, man kann ein schönes Bad mit Love-me-Öl genießen, sanfte Musik auflegen. Sie wissen ja: Wer sich nicht selbst liebt, kann auch nicht erwarten, dass er von jemand anderem geliebt wird.

Zum Abschluss noch ein kurzer Exkurs zum Thema Selbstbefriedigung: Onanie ist aber nicht nur für jene Zeiten da, in denen sich kein Sexualpartner findet. Gerade in festen Beziehungen und auch Ehen wird sehr viel onaniert, ganz geheim und verschämt. Denn der Partner oder die Partnerin könnte ja diese Aktion als Beweis dafür empfinden, dass man mit ihm oder ihr nicht zufrieden ist. »Wieso hat er das nötig?«, fragte mich vor kurzem eine Klientin. »Er hat doch mich.« Manche Frauen empfinden es regelrecht als Betrug, wenn der Mann sich ab und zu auch selbst befriedigt.

Onanie ist eine eigene Form der Sexualität. Sie ist keine Vor- oder Übungsform, sondern eine eigene. Und zwar die zuerst erlernte. So wird eine intelligente Frau nie auf die Pornoheftchen ihres Mannes eifersüchtig sein; und sie wird ihm auch keine Szene daraus machen, wenn sie diese Heftchen entdeckt.

Schlaue Frauen, und ich spreche jetzt hier von Hexe zu Hexe, werden versuchen, ein bisschen aus den Selbstbefriedigungsfantasien ihres Mannes zu erfahren. Natürlich nicht in einer offiziellen Diskussion, sondern während des Liebesspiels, Schritt für Schritt. Sie werden nie konsequent nachfragen wie ein Staatsanwalt, sondern spielerisch und fast wie beiläufig. »Was fühlst du jetzt?«, »Was wünschst du dir jetzt?«, »An was denkst du jetzt?« und »Was soll ich jetzt tun?«, gehaucht und geflüstert.

Schlaue Männer werden ebenso handeln. Auch sie müssen immer wieder überprüfen, ob das, was sie gerade im Bett anstellen, auch ihrer Partnerin gefällt. Männer tun sich in diesem Punkt wesentlich schwerer als Frauen, denn sie sind ja ohnehin die tollen Hechte. Oder wollen es zumindest sein. Aber sie werden es üben müssen.

Hier eine ganz wichtige Regel: Momentane Wahrheiten und Gefühle, die im Bett gehaucht, geflüstert, gestöhnt oder sogar erlebt werden, gehören nur ins Zweierbett und nirgendwo anders hin. Sie dürfen keinem Freund und keiner Freundin erzählt (»Er hat mich mein wildes Pony genannt, stell dir das mal vor ...!«), und sie dürfen nicht einmal dem eigenen Partner gegenüber je wieder außerhalb des Bettes erwähnt werden. Sie zerstören anderenfalls die Romantik, die Erotik, jede Art von Zauber, alles andere sowieso, und das Schlimmste: Sie begehen einen Vertrauensbruch.

Zurück zur Selbstbefriedigung. Wenn Sie ganz sicher sind, dass Ihr derzeitiger Partner der- oder diejenige ist, für den es sich lohnt, dann machen Sie ihm das größte Geschenk, das Sie ihm in Sachen Sex machen können. Zeigen Sie ihm, wie Sie sich selbst befriedigen. Ihr Partner soll sich dabei neben Ihnen ins Bett legen und nur Ihren Hals und Ihren Kopf streicheln, keinesfalls anderweitig aktiv werden. Er wird Ihnen zuschauen, dabei vielleicht neue Aspekte kennen lernen, wo er Ihren Körper stimulieren kann. Sprechen Sie während der Selbstbefriedigung mit Ihrem Partner: »Jetzt kommt ein großer Mann auf mich zu, reißt mir die Kleider vom Leib, fesselt mich«, das nur als Beispiel und Muster. Erfinden Sie nichts, sondern leben Sie. Sex ist eines der letzten Abenteuer, das uns in unserer Zeit noch geblieben ist.

Romantik und Erotik auch im Singleleben

Wer sich dazu entschlossen hat, bewusst als Single zu leben, ohne dabei auf gelegentlichen Sex verzichten zu wollen, muss folgerichtig immer wieder auf Partnersuche gehen. Meist geschieht das Flirten und Anbandeln in Lokalen, oft aber auch am Arbeitsplatz. Erster Blickkontakt, erste verbale Kontaktaufnahme, ausführlichere Gespräche, dann der tiefe Blick in die Augen des anderen und man ist sich einig. Oder auch nicht.

Über das Flirten gibt es jede Menge Literatur; ich muss daher hier keine zusätzlichen Weisheiten zum Thema loswerden. Es dürfte alles bekannt sein. Außerdem hat jeder Mensch im Lauf der Zeit seinen ganz persönlichen Flirtstil entwickelt, der sich aus einer Mischung aus Outfit, Auftreten, Körperhaltung und Sprüchen oder Gesprächsthemen zusammensetzt. Meist fußen solche Muster auf persönlich erlebten Erfolgen aus der Vergangenheit. Und warum soll das, was einmal geklappt hat, nicht auch ein zweites, drittes und viertes Mal funktionieren? Natürlich läuft man mit einem Schema im Kopf immer Gefahr, dass dieses schematische Vorgehen einfach nicht bei jedem funktioniert. Es gibt kein Flirtmuster, auf das alle Menschen gleich interessiert ansprechen. Und das ist gut so.

Der einfachste, aber zugleich auch wirksamste Tipp für alle Flirtsituationen: sich nicht verstellen, nicht lügen, einfach offenherzig sein. Nicht mehr vorgeben, als man ist, keine Show spielen, sondern ehrlich sein. Man spart sich damit nicht nur manch peinliche Situation, wenn irgendein Lügengebäude zusammenbricht, man muss sich auch nichts antrainieren. Wer nie lügt, kann sich also auch nie dumm verplappern.

Natürlich müssen Sie nicht gleich mit der Tür ins Haus fallen, heroisch und plakativ die Singlefahne schwenken. Auf Nachfrage jedoch sollten Sie unbedingt ehrlich sein, frei heraus erzählen, warum Sie Single sein möchten und sind. Vielleicht ist Ihr Gegenüber ja der gleichen Meinung wie Sie und damit heilfroh, gewiss sein zu können, dass nach einer netten Sexnacht nicht gleich der Heiratsantrag kommt.

Jeder Flirt mit der Absicht, einen Sexualpartner für eine oder mehrere Nächte gewinnen zu wollen, sollte mit Respekt passieren. Leider gibt es immer wieder Wilderer beiderlei Geschlechts, die zielsicher in einer Kneipe eine Person ansteuern und sich vornehmen, sich den anderen heute »schön zu saufen«. Was nichts anderes heißt, als dass es ziemlich egal ist, mit wem man heute Sex hat, Hauptsache, die Triebe werden befriedigt.

Wir wissen alle, wie solche Geschichten enden. Mit einem hektischen Abenteuer mit viel zu viel Alkohol im Blut, mit einem peinlichen und verkaterten Aufwachen am nächsten Morgen, oft auch mit einer panikartigen Flucht des großen Sexhelden bei Nacht und Nebel, während der andere noch schläft. Jeder Single tut also gut daran, sich zu prüfen, ob er so etwas wirklich als erstrebenswert erachtet.

Wäre es nicht viel schöner, wenn die beiden nach dem One-Night-Stand zusammen frühstücken würden? Ein wenig gemeinsam über das erlebte Abenteuer grinsen? Wenn beide keinen Grund haben, irgendetwas bereuen zu müssen, wenn jede Peinlichkeit und Verlegenheit aus dem Spiel entfernt wurde, dann kann man sich auch später ohne betretenes Getue wieder fröhlich über den Weg laufen. Im selben Lokal vielleicht, in dem man sich das erste Mal getroffen hat. Und wenn es die Umstände zulassen, warum es nicht noch ein zweites Mal miteinander versuchen? Wenn es die momentane Stimmung und Situation hergibt, warum nicht. Ist das nicht viel schöner, als wenn man mit einem verlegen gemurmelten »Hallo« aneinander vorbeischleicht?

Auch ein Single darf und sollte erkennen, dass Romantik und Erotik etwas viel Wertvolleres sind als Sex nach dem Hauruckverfahren. Es spricht nicht das Geringste dagegen, wenn man sich und den Partner ein bisschen verwöhnt. Wenn man vor der Expedition in die Szene die Wohnung aufräumt, sich ausgiebig duscht und sorgfältig kleidet, wenn man Kerzen aufbaut, CDs mit sanfter Musik bereitlegt oder gar einen netten Verführungssnack vorbereitet, Rotwein oder Champagner bereitstellt. Ein Intimpartner ist eben etwas Besonderes, auch wenn es nur für eine Nacht sein soll. Er sollte Ihnen etwas wert sein.

Das moderne Zeitalter hat viele neue Spielarten des Sex geschaffen, die gerade von Singles gern genutzt werden. Denken wir nur an den frivolen Chat im Internet, oder, und darum geht es sehr oft, an Telefonsex. Ich meine jetzt nicht den bezahlten Telefonsex mit den teuren 190er Nummern, denn der ist niveaulos und hat mehr mit Prostitution als mit wahren Gefühlen zu tun. Sondern ich denke an Telefonsex zwischen zwei Leuten, die sich entweder kennen oder auch nicht, die sich aber gegenseitig durch Stimme und Art der Wortwahl stimuliert fühlen. Telefonsex ist Masturbation zu zweit, wobei man jeweils dafür sorgt, dass die Fantasie des anderen angeregt wird.

Meine Klientin Julia K. (37) ist Single, aber eigentlich nicht mehr so richtig. Denn fast jedes Wochenende bekommt sie Besuch von ihrem Freund, der weit entfernt arbeitet und eben nur am Wochenende Zeit für sie hat. Ob man Julia und Markus noch als richtige Singles bezeichnen kann, weiß ich nicht. Jeder hat seine eigene Wohnung, sein eigenes Umfeld, sein eigenes Leben. Aber irgendwie gehören sie halt doch zusammen, allein schon durch die Dauer dieser Beziehung.

Manchmal praktizieren Markus und Julia Telefonsex. Julia weiß genau, wie sie mit diesem Thema umgehen muss: Sie macht sich schick, zieht Reizwäsche an, verwöhnt sich selbst mit Räucherstäbchen und sanfter Musik, und wartet dann auf den vereinbarten Anruf. Sie zelebriert diesen an sich doch etwas befremdlich erscheinenden Vorgang des Telefonsex wie eine reale Begegnung mit ihrem Markus – und kann damit Befriedigung erlangen.

Singles, und davon bin ich fest überzeugt, sind mit Romantik und Erotik immer gut beraten. Auch Romantik und Erotik gegenüber sich selbst, in allen Lebenslagen.

Und noch besser fahren Sie mit dem Vorsatz, ihr Singleleben weder als Gesetz, Dogma oder angeborenen und nicht veränderbaren Zustand zu begreifen, sondern eben als momentane Situation. Wenn es richtig gefunkt hat, darf sich ein Single nicht an einmal gefassten Grundsätzen festhalten, sondern muss sich fallen lassen. Alles andere wäre Blödsinn.

Hexenrezepte für ein lustbetontes Leben als Single

Was jeder Single als Erstes lernen muss, ist, sich bei der Partnersuche für eine Nacht frei von jedem Erfolgsdruck zu machen. Es darf nicht sein, dass er dermaßen auf »Sexentzug« ist, dass man es ihm schon von Weitem ansieht, dass er unbedingt sofort bei der Partnersuche erfolgreich sein muss, weil jetzt jemand dabei helfen muss, ihn von seinem sexuellen Notstand zu erlösen. Solche Singles auf der Pirsch sind peinliche bis würdelose Gestalten; wir kennen sie alle.

Also sollte ein Single, der auf Eroberungstour gehen will, sich zunächst etwas beruhigen und gleichzeitig auf Erfolg programmieren. Wer seine Wohnung schön aufräumt, eine kleine Salbeiräucherung macht und ein paar Tropfen Love-me-Öl in der Wohnung verteilt, ist schon auf dem richtigen Weg. Sie wissen natürlich, ich habe es oft genug geschrieben, dass weniger mehr ist, dass keine sofort erkennbaren Geruchsspuren zurückbleiben dürfen.

Dann ist ein kleines Entspannungsbad fällig. Sie reinigen sich vorher sorgfältig unter der Dusche, dann lassen

Sie sich das Badewasser ein. Wenn Sie heute einen Mann erobern wollen, dann fügen Sie diesem Badewasser ein paar Tropfen Vanilleöl bei, vier bis sieben. Wenn Sie eine Frau erobern möchten, dann fahren Sie besser mit Rosenöl, die Dosierung bleibt die gleiche. Sollten Sie in eine verrauchte Kneipe ziehen, in der es ohnehin schwierig ist, einzelne Gerüche zu erkennen, dann dürfen Sie die Dosis jeweils um zwei Tropfen erhöhen, aber auf keinen Fall mehr.

Baden Sie nun entspannt und denken Sie an ein Sexabenteuer. Stellen Sie sich die Situation regelrecht vor, die Sie erleben möchten. Ein attraktives Gegenüber, ein Blickkontakt, noch einer, ein Gespräch, die Situation des »Abschleppens«, schließlich ankommen zu Hause und Sex. Sie müssen sich bei der Projektion dieses Vorgangs in all seinen Phasen ungeheuer viel Zeit lassen. Sie müssen sich vorstellen, wie Sie das Lokal betreten, die Tür hinter sich schließen, den Mantel an der Garderobe abgeben, diesen oder jenen Bekannten begrüßen und so weiter. Jeder einzelne Vorgang muss gesehen, gerochen, gefühlt werden. Besonders dann, wenn Sie sich die sexuelle Situation vorstellen. Auch hier hat die Projektion Schritt für Schritt zu geschehen: das erste Schmusen, das Ausziehen, das Küssen, das Petting, der Akt, das Nachspiel. Je farbiger und intensiver Sie sich das alles vor Ihr geistiges Auge holen, umso größer sind Ihre Chancen auf Erfolg. Natürlich lässt sich dieses kleine Ritual auch nur für sich ausführen, also zur Selbstbefriedigung. Sie wissen ja: Verwöhnen und lieben Sie sich selbst, so perfekt und luxuriös wie möglich. Nur dann kann auch jemand anders Sie lieben.

Noch ein Tipp, bevor Sie »auf die Jagd« gehen: Onanieren Sie in der Badewanne, entspannen Sie sich. Damit ist gewährleistet, dass Sie in der Hektik und unter dem Druck der Hormone keinen Fehlgriff landen, nur weil's heute unbedingt sein muss. Sie ersparen sich und anderen Peinlichkeiten und Schuldgefühle. Und jetzt Halali, viel Glück auf der Pirsch.

Wer dann schließlich erfolgreich zu zweit nach Hause kommt, zündet unauffällig eine Adam-&-Eve-Kerze an. Mit »unauffällig« meine ich, dass Sie den Zweck dieser Kerze nur auf Nachfrage erklären, ansonsten selbstverständlich handeln. Der Duft des Badewassers und der Räucherung liegen noch unauffällig im Raum; ein paar Sandelholz-Räucherstäbchen (höchstens drei) dürfen noch aktuell abgebrannt dazukommen und die Atmosphäre vervollständigen.

Beim ersten Küssen und Schmusen mit Ihrem One-Night-Stand erkunden Sie sensibel und aufmerksam die erogenen Zonen Ihres Partners. Wenn Sie sich vor dieser Aktion unauffällig Ihre Fingerspitzen mit Healing-Öl betropft haben, sorgen Sie dafür, dass alles Negative, Ängstliche und auch Skeptische aus dem Körper Ihres neuen Partners verschwindet. Abgesehen davon wirken leicht eingeölte Hände schon auf Grund ihrer Geschmeidigkeit stets erotisierend. Sie dürfen nur nicht übertreiben: Alles, was über ein paar Tropfen hinausgeht, ist von Übel.

Wichtig ist für jeden lust- und sexorientierten Single, dass er nach jedem Abenteuer für eine vollständige Reinigung seiner Wohnung sorgt. Es wäre unfair gegenüber dem nächsten Partner, wenn Bettwäsche und Atmosphäre immer noch den Duft des Vorangegangenen enthielten. Selbst wenn dieser Duft nicht erkennbar wäre, er würde unterbewusst wirken. Also frische Bettwäsche, neue Räucherstäbchen, neue CDs bereitlegen und so weiter. Beim Putzen des Bodens geben Sie sieben (!) Tropfen Lavendelessenz ins Putzwasser. Sie erfahren damit nicht nur einen besseren Reinigungseffekt, sondern sorgen auch für einen neuen Abschnitt, in den Sie nun gehen.

Wer als lustbetonter Single bei seinen Eroberungszügen immer nach Schema F vorgeht, verliert viel an Sex- und Lebensqualität allgemein. Wer aber jedes einzelne Abenteuer zelebriert wie eine heilige Hochzeitsnacht, kann viel erleben und lernen.

Die Hexen und der Sex

Warum sind es ausgerechnet die Hexen, die in Sachen Liebe und Sex aus ihren Reihen kompetente Ansprechpartner stellen können? Warum werden Hexen im Allgemeinen automatisch mit Sex in Verbindung gebracht? Was haben Hexen mit Sex zu tun? Die Antworten auf diese Fragen sind vielschichtig und nur im historischen Zusammenhang schlüssig.

Die ersten Ärzte, von denen zuverlässig berichtet wird, sind bei den Sumerern tätig geworden. Und sie sind fast alle weiblichen Geschlechts. Die Frau in ihrer Rolle als Heilerin, Hebamme und Ärztin hat also eine lange Tradition. Von Ägypten und Griechenland aus hat sich dann diese Tradition über die ganze Welt verbreitet.

Während die Männer Krieg gespielt haben, haben die Frauen zu Hause die Salben zusammengemischt, mit denen sie dann ihren müden und verwundeten Helden nach der Rückkehr helfen konnten. Die Aufgabenverteilung war also klar geregelt.

Irgendwann wurde es der Männerwelt unheimlich, dass Frauen auf diesem Weg Wissen und damit auch Macht erlangen konnten, die ihnen selbst verschlossen blieben. Aber sie waren nun mal da, die Frauen, die viele Sachen besser konnten als die Männer, und dem musste dringend Einhalt geboten werden. Wie praktisch, dass man sich im jüdisch-christlichen Kulturkreis daran erinnern konnte, dass die Frau irgendwie mit dem Teufel in Verbindung steht. War es nicht Eva, die ihrem Adam auf Geheiß des Teufels die verbotene Frucht reichte? War es nicht Eva, die dafür verantwortlich ist, dass wir aus dem Paradies vertrieben wurden und heute im Schweiße unseres Angesichts unser Brot verdienen müssen? Böse Eva, schuldige Eva, teuflische Eva! Wir müssen sie reglementieren und in ihrer Macht beschneiden, denn das Weib ist des Mannes Unglück.

Mit dieser perversen Haltung im Hirn entstand besonders in Kirchenkreisen eine Antifrauenbewegung. Denn gerade die Kirche konnte es ja nicht dulden, dass außer ihr noch eine andere Gruppe der Gesellschaft, und noch dazu eine so große, Macht und Einfluss hatte. Jeder Heilerfolg, jede besondere Gabe, jede auf den ersten Blick nicht gleich nachvollziehbare Handlung wurde also kurzerhand zur »Hexerei« erklärt, zu einer Sache, die mit Tod und Teufel zu tun hat, also dringlichst zu meiden und zu bekämpfen ist.

Am schlimmsten in ihrem Hexenwahn waren Mönche der Dominikaner- und Jesuitenorden. In ihren Klöstern, in denen strengstes Sexverbot herrschte, wurden die schlimmsten Fantasien entwickelt. Die beiden Dominikaner Heinrich Kremer und Jakob Sprenger verfassten 1487 das Werk »Maleus Maleficorum«, einen Leitfaden für alle, die wissen wollten, unter welchen Umständen eine Frau als Hexe anzusehen ist. Nach dem Erkennen erster Verdachtsmomente und Indizien wurde auf ganz spezielle Foltermethoden verwiesen, die schließlich Gewissheit schaffen sollten. Dieses Machwerk wurde später nicht nur von der gesamten katholischen Kirche, sondern auch von den Protestanten anerkannt.

Menschen, die freiwillig oder erzwungen ohne Sex leben, leiden oft unter sexuellen Fantasien, die nicht mehr kontrollierbar sind. Kein Wunder also, wenn viele dieser Foltertipps eindeutig sexuell-sadistische Züge tragen. Schon in den Vorwürfen, die den Frauen gemacht wurden, erkennen wir jede Menge sexuelle Komponenten. Sie sollen ihre Salben aus Kinderfett gemacht haben, sollen sich einen Besen zwischen die Beine geklemmt haben, damit durch die Luft geflogen sein, wilde Orgien veranstaltet haben und vieles mehr.

Natürlich wussten diese Frauen viel um die Geheimnisse der Sexualität. Denn sie waren ja schließlich so etwas wie Heilpraktikerinnen und Ärztinnen; nichts Menschliches war ihnen fremd. So wurden vielleicht dieselben Menschen, die noch vor ein paar Wochen mit der Bitte um eine Liebes- oder Fruchtbarkeitssalbe zu einer dieser Frauen kamen, ganz schnell zu Anklägern. Die einen, weil es ihnen nun peinlich war, dass jemand von ihren intimen Problemen wusste, die anderen ganz einfach deshalb, weil sie ihre Rechnung nicht bezahlen wollten. Im allgemeinen Hexenwahn war schon eine diffuse Anklage so gut wie ein Todesurteil.

Und je spektakulärer die Anklage war, umso sicherer die Verurteilung der Angeklagten. So wird von Frauen fabuliert, die auf einem Besen um einen Berg fliegen, die des Teufels Penis aus einem Vogelkäfig holen, um mit ihm zu kopulieren, von ganzen Hexengruppen, die nackt um ein Feuer tanzen und sich immer wieder teuflischen Gestalten hingeben und vieles mehr. Nichts war abstrus und schrill genug, um nicht geglaubt und genüsslich »untersucht« zu werden.

Dass auf der anderen Seite all jene Hexen, die mit Drogen nach Erleuchtung suchten, sich mit Berichten von ihrem Rausch extrem selbst gefährdeten, ist ebenfalls überliefert. »Ich bin geflogen«, hatten sie das Gefühl, so wie heute vielleicht Menschen, die LSD oder Ecstasy versucht haben, und hatten damit die schlimmsten Vorurteile ihrer Verfolger bestätigt. Halluzinogene aus Pilzen, Tollkirsche, Bilsenkraut, Schirling, Tabak, Opium, Pappel und Safran, anfangs vielleicht als Schmerzmittel bei schlimmsten Verwundungen gedacht, entwickelten eine eigene Kultur, eine Rauschkultur. Das gefundene Fressen für Hexenjäger.

Wir wissen aus der Geschichte, dass ganze Dörfer ausgerottet worden sind, dass Frauen wie Männer auf dem Scheiterhaufen landeten, ja sogar Hunde und Katzen, weil sie vielleicht zufällig schwarzes Fell hatten und sie genauso zufällig über die Straße streunten, als gerade ein Unfall passierte. Man schätzt, dass bis zu neun Millionen Menschen der Hexenverfolgung zum Opfer fielen. Die letzte bekannte Hexenverbrennung war 1790 in der Schweiz.

Was aber geblieben ist, ist »die böse Hexe« aus dem Märchenbuch. Also die Dame mit Hakennase, Knusperhäuschen, mit einer schwarzen Katze oder einer Krähe auf der Schulter, hässlich, übersät mit Warzen und einer Seele voller bösartigster Absichten. Sie frisst kleine Kinder, verzaubert harmlose Wanderer in widerliche Kreaturen und vergiftet das Trinkwasser.

Da Heilpraktikerinnen und Ärztinnen der menschliche Körper in all seinen Facetten vertraut war, haben sie bei Behandlungsprozessen sinnigerweise auf dieses Wissen zurückgegriffen. Manche Öle und Salben wirken schneller und besser, wenn man sie auf die Schleimhäute aufträgt, also in die Nase, den Mund oder auch in die Vagina. Was ist daran so verwerflich? Das wird auch heute so gemacht. Wenn also eine Gebärmutter- oder Vaginalerkrankung zu behandeln war, dann kam die Medizin genau an den Ort des Körpers, wo sie hingehört. Auf Grund der Anatomie musste da schon mal mit einem Stab nachgeholfen werden, und wenn es das Ende eines Besenstiels war. Kein Wunder, dass so etwas zu wildesten Spekulationen Anlass geben musste.

Natürlich hat es sie gegeben, die einsam lebende Hexe im Wald, die dann irgendwann alt und vielleicht auch bucklig wird, das ist doch ganz klar. Jede schlaue Frau, die erfahren hat, dass sie der Hexerei bezichtigt wurde, hat schnell das Weite gesucht und sich irgendwo versteckt, um dem Scheiterhaufen zu entkommen. Je tiefer der Wald, umso besser der Schutz und die Chance zu überleben.

Und genauso natürlich haben sich solche Frauen auch zu Gruppen zusammengetan, um gemeinsam besser über die Runden zu kommen. In solchen Verbünden gab es Spielregeln, Rechte und Pflichten, magische Studien, aber bestimmt auch Feste und Feiern. Und bestimmt gab es auch die eine oder andere lesbische Freundschaft, warum auch nicht. Was ein zufällig vorbeikommender Wandersmann bei so einem Fest alles gesehen und erkannt haben will und dann den Obrigkeiten berichtete, das stelle ich mir jetzt lieber nicht vor. Schließlich gab es ja auch Belohnungen für die Ergreifung flüchtiger Hexen.

Hexen, Liebe und Sex, Sie sehen es schon, das ist eine unendliche Geschichte mit seltsamsten Verknüpfungen von allen möglichen Seiten. Eine Geschichte, die sich bis in die heutige Zeit fortsetzt. Die Autorität, die uns Hexen in diesem Fachgebiet zugetraut wird, kommt also nicht von ungefähr. Was uns natürlich ehrt. Andererseits aber enorme Verantwortung aufgibt.

Liebe und Sex, die schönsten Sachen der Welt, sind zum größten privaten Problemfeld der Welt geworden. Der Großteil meiner Beratungstätigkeit hat mit sexuellen und partnerschaftlichen Problemen zu tun, ich erwähnte es bereits mehrmals. Aber jedes Problem hat nur den einzigen Sinn, uns zu prüfen, zu stärken, und uns als Sieger beweisen zu können. Wir müssen an unseren Problemen wachsen; wir dürfen nicht an Ihnen verzweifeln.

Was mich aber immer wieder verdutzt, sind Klienten in meiner Beratung, die von mir jede noch so anstrengende Aktion erwarten, von der Herstellung eines persönlichen Liebesöls bis hin zum aufwändigen Ritual, selbst aber nicht bereit sind, an sich zu arbeiten. Und das auch noch aus dem Bewusstsein heraus, dass sie mit einer Bezahlung der Beratung oder mit einer Spende in meine Tierschutz- oder in meine Kubakasse sich das Recht erkauft hätten, das Thema Liebe und Sex nun in fachkundige Hexenhände legen zu dürfen. So einfach geht das nicht, das muss ich immer wieder betonen. Aktive Mitarbeit ist die Basis jeder Bewegung zum Positiven.

Aus meiner Erfahrung weiß ich, dass sich so mancher Leser unter dem Kapitel »Hexen und Sex« etwas anderes vorgestellt hat. Geheime Rezepturen bei Vollmond, drei nackte Jungfrauen mit weißen Lilien im Haar auf dem Altar der Wollust, Simsalabim, der multiple und ewige Orgasmus, der heiße Wettlauf zwischen G-Punkt und Schlusspunkt. Und der Voyeur mittendrin. Tut mir Leid, lieber Voyeur, da sind Sie hier auf der falschen Veranstaltung bzw. im falschen Buch. Rückfälle ins tiefste Mittelalter finden Sie in Ihrer Videothek in der Abteilung für kleine kranke Schweinchen.

Rezepte für ein spirituelles Leben ohne Sex

Sie wissen aus meinen bisherigen Ausführungen, dass ich es grundsätzlich nicht für natürlich halte, wenn sich Menschen dazu entschließen, ganz und gar auf Sex zu verzichten. Denn der von einer Religion oder einem obskuren Erleuchtungsprogramm aufdiktierte sexuelle Verzicht kann oft zu ganz großen Problemen führen.

Ich möchte daher mit diesem Kapitel auf keinen Fall all den Fanatikern zusprechen, die sich, aus welchen Gründen auch immer, dazu entschlossen haben, ein Leben ohne Sex zu führen. Das Bild eines völlig durcheinander gewirbelten Klienten von mir, der Sex als etwas Unreines empfand, und es daher als seine Aufgabe ansah, diese Unreinheit aus seinem Leben auszumerzen, hat mich für alle Zeiten geschockt. Dieser arme Mann hatte schwerste Hautkrankheiten, wunde Lippen und sein geistiger Zustand war bedauernswert! Bei näherem Nachfragen hat sich dann herausgestellt, dass er sich immer dann, wenn »die böse Fleischeslust« sich seiner zu bemächtigen drohte, in einem scharfen Reinigungsmittel, also in einem herkömmlich chemisch hergestellten Putzmittel für den Haushalt, gebadet hatte. Was für ein lebensgefährlicher Wahnsinn!

Der Verzicht auf Sex, wie ich ihn in diesem Kapitel verstanden wissen will, sieht wie folgt aus: Man will sich wegen körperlicher oder geistiger Unpässlichkeiten für eine Weile von dem Thema Sex fern halten, um wieder zu sich zu finden. Oder man hat gerade eine gescheiterte Beziehung, eine verrückte Dreiergeschichte oder sonst etwas hinter sich, von dem es Abstand zu gewinnen gilt. In solchen Fällen ist der temporäre Verzicht auf Sex bestimmt nicht von Übel. Auf jeden Fall besser, als sich gleich wieder in neue Abenteuer zu stürzen.

Damit dieser Verzicht auf Sex nicht zur körperlichen Zumutung oder gar zur Selbstkasteiung wird, darf jede Art von Rückfall, sei es nun in Onanie oder in einen One-Night-Stand, auf keinen Fall als Versagen oder Fehltritt empfunden werden. Die Natur hat sich ihr Recht genommen, so einfach ist das, und so sollte man das auch sehen.

Trotzdem halte ich es für wichtig, wenn Sie ein paar Rezepte aus der Hexentradition kennen lernen, die mit dem Sexverzicht zu tun haben. Hier noch mal der Hinweis, dass ich damit keine Fanatiker unterrichten will, sondern Menschen, die zeitweise (!), aus welchen Gründen auch immer, auf Sex verzichten wollen oder müssen.

Prinzipiell hilft in so einer Situation die Meditation. Kleiden Sie sich schön, räuchern Sie Ihr Zimmer mit Hyerba-Santa und versuchen Sie im Rahmen dieser Meditation, sich ganz auf das Körperliche zu konzentrieren. Versuchen Sie, die Kräfte Ihres Unterleibes zu spüren. Hören Sie auf den Fluss der Körpersäfte, auf die Kraft, die davon ausgeht. Führen Sie nun diese Kraft in Ihr Sonnengeflecht hoch, und lassen Sie sie mit einem kleinen Gebet frei, durch tiefes Ausatmen. Sie sollten diese kleine Meditation so lange täglich wiederholen, bis Sie spüren, dass Sie das gewünschte Ziel erreicht haben.

Ein Ritual mit Jasmin, wobei es keine Rolle spielt, ob Sie eine Jasminräucherung oder ein -öl verwenden, hilft allen, die sich zwar zum vorübergehenden Alleinsein und sexlosen Leben entschlossen haben, aber mit diesem Alleinsein nicht zurechtkommen. Jasmin ist eine heilige Pflanze aus dem alten Persien; ihr süßlicher Duft baut Kontakte zu guten Geistern auf. Ziel des Rituals, das Sie bitte neun Tage hintereinander vollziehen, ist es, dass Sie sich allein wohl und gut aufgehoben fühlen, dass Sie kein Unwohlgefühl dabei empfinden. Sie machen also in Ihrem Lieblingszimmer diese Räucherung oder auch Ölung, begrüßen all die sympathischen Geistwesen, die nun im Lauf der Aktion zu Ihnen kommen werden, um Sie in Wohlsein und Sicherheit zu wiegen, und lassen sich einfach fallen. Sie wollen im Moment weder Partnerschaft noch Sex, das wissen Sie genau, es passiert alles so, wie Sie es wollen, also kein Grund zur Sorge. Ein bisschen Jasminöl dürfen Sie auch beim Haarewaschen auftragen (kurz nach dem Trocknen), und das Fläschchen mit dem Öl tragen Sie stets bei sich. Damit nehmen Sie diese Gelassenheit, dass Sie nun zwar vorübergehend allein und ohne Sex leben, mit nach außen in die Umwelt, wirken selbstsicher und bewusst. Es gibt nichts Schlimmeres als jemanden, dem man seine Gier auf einen Sexpartner schon meilenweit ansieht. Dieses Ritual ist Oshun gewidmet, der afrikanischen Göttin der Liebe, Schönheit und Ehre. Opfern Sie Ihr einen Apfel; der Apfel hat Symbolkraft in vielerlei Hinsicht. Bestimmen Sie selbst, welches Symbol und welche Kraft Sie in dieses Opfer legen.

Um Entspannung und Wohlfühlen geht es auch im folgenden Ritual, das auf einer Mischung aus Vanille- und Venusöl basiert. Auch hier sollen das Selbstbewusstsein als Single gestärkt und das Wohlfühlambiente aufgebaut werden. Die Mischung aus Vanille- und Venusöl kann sowohl als Badezusatz als auch als Parfüm verwendet werden. Ob beim Baden oder Einölen, wichtig ist immer die Konzentration, die Sie dabei aufbringen. Denken Sie daran, dass Sie auch dann etwas wert sind, wenn Sie gerade nicht zu zweit sind und dass auch Zeiten ohne Sex durchaus Ihren Reiz haben können und dass es Ihnen gut geht. Verstärken Sie die Wirkung der

Ölmischung mit einer Salbeiräucherung und einem feierlichen Ambiente: schöne Kleider, das Lieblingszimmer aufräumen, sich ein Lieblingsessen oder ein Lieblingsgetränk bereitstellen, vielleicht Rotwein. Eine weiße und eine rosafarbene Kerze, gleichzeitig abgebrannt, helfen bei der Konzentration. Das Ritual wird Sie, je öfter Sie es wiederholen, selbstsicherer, gelassener und auch für Ihre Umwelt attraktiver machen. Wer sich nach einer glücklichen Beziehung sehnt und die partner- und sexlose Zeit nur als Übergang begreifen will, sollte während des Badens oder Einölens an so eine Beziehung ganz intensiv denken. Zwei ebenfalls mit der Mischung leicht beträufelte Mojobohnen helfen als stets mitgeführter Talisman, dem Ziel näher zu kommen. Dieses Ritual widmen wir St. Barbara, der Nationalheiligen der kubanischen Yorubas. Wir opfern ihr ein paar Tropfen aus der Ölmischung, dazu ein paar Tropfen süßen Likörs.

Auch beim nächsten Ritual steht eindeutig die Entspannung im Vordergrund, doch genauso wichtige Aspekte sind der Aufbau des Selbstbewusstseins und der Selbstliebe. Sie wissen ja: Wer sich nicht selbst liebt, kann auch von anderen nicht erwarten, geliebt zu werden. Immer wieder kommt es vor, dass sich Menschen, die gerade allein sind und auch auf Sex mit einem Partner verzichten (müssen), sich minderwertig fühlen. Da kann man noch so viel reden wie man will, noch so oft darauf hinweisen, dass jeder Mensch auch allein etwas wert ist – es hilft nichts. Daher dieses höchst wirksame Ritual, dessen Gebrauchsanweisung Sie bitte genauestens befolgen: Wir mischen in einer Schüssel eine halbe Tasse

Weihrauch, zwei TL Oris-Root-Powder, einen halben TL Salz, vier TL Vanille-Powder, eine Tasse Sandelholz-Powder. Der Akt der Mischung muss sorgfältig erfolgen, in der hier angegebenen Reihenfolge Schritt für Schritt. Die Schüssel wird dann zugedeckt. Sieben Tage lang verbrennen Sie nun je einen Teelöffel aus dieser Mischung als Räucherung, und zwar jeweils bei Sonnenauf- und auch bei Sonnenuntergang. Diese Zeiten müssen Sie penibel einhalten; aber das sollte Ihnen die Sache wert sein. Der Wohlgeruch, der nun entsteht, macht Sie nicht nur gelassen, sondern auch nach außen interessanter. Verbinden Sie die Räucherung jeweils mit einem kleinen Gebet oder mit einer kleinen Meditation.

Wenn Sie nach sieben Tagen noch keine entspannende Wirkung und auch noch keine Steigerung des Selbstbewusstseins erfahren haben sollten, schalten Sie in den nächsten Gang und ergänzen dieses Räucherungsritual mit begleitenden Maßnahmen: Sie reiben eine 7-African-Powers-Kerze mit sieben Tropfen Bend-Over-Öl ein, und zwar von der Mitte aus nach oben, dann von der Mitte aus nach unten. Sie beträufeln Ihre Kleidung mit ein paar Tropfen Luv-Luv-Öl, reiben außerdem die Hautpartien an den Ohrläppchen, in der Kniekehle und zwischen den Fingern und Zehen mit Angel-Öl ein, vorsichtig dosiert. Während dieses Vorgangs brennen Sie die Kerze ab, was, je nach Größe der Kerze, seine Zeit braucht. Wenn Ihnen danach ist, durchbrechen Sie jetzt Ihre sexlose Phase und onanieren Sie. Denken Sie dabei an die bereits mehrmals erwähnte Göttin Ezili Freda, opfern Sie ihr ein bisschen Honig mit Vanille-Powder und eine Helping-Hand-Räuchermischung, gibt es auch als Räucherstäbchen.

Es ist für bislang sexuell aktive Menschen nicht immer leicht, eine Phase ohne Partner und ohne körperliche Befriedigung zu akzeptieren. Viele begreifen solche Zeitabschnitte als Strafe und Zurückweisung, was natürlich Blödsinn ist. Mit diesen Hexenrezepten aber kommen Sie gut über die Runden, dafür kann ich garantieren.

Nachwort

Nach diesem, meinem fünften Buch, müsste ich eigentlich schon mit dem seltsamen Gefühl vertraut sein, dass mich immer beschleicht, wenn die Arbeit abgeschlossen wird. Jedes Mal erfasst mich eine Mischung aus Stolz und Unsicherheit. Das Buch ist fertig, trotz vieler Diskussionen und Streitgespräche, wir haben wieder geschafft, was wir uns vorgenommen hatten. Lasst die Champagnerkorken knallen! Aber haben wir unsere Arbeit auch gut gemacht, haben wir unseren Lesern auch wirklich helfen können? Haben wir nicht etwas Wichtiges vernachlässigt oder gar vergessen?

Mein Koautor Arno Frank Eser sucht noch nach Kommafehlern und eventuellen sprachlichen Verbesserungen; schließlich ist es sein erklärtes Ziel, durch eine möglichst leicht verständliche Sprache auch die Türen zu all jenen Lesern zu öffnen, die bislang den Bereichen Hexenkunst und Esoterik allgemein skeptisch bis ablehnend gegenüberstanden.

Nun sitzen wir da und schauen uns an, das fertige Baby in Manuskriptform vor uns liegend. Es kommt der Moment, in dem wir uns von ihm verabschieden müssen, es in unseren Verlag und damit in die große weite Welt hinausschicken. Keine Änderungsmöglichkeiten mehr, rien ne va plus, die Würfel sind gefallen, das Haus ist gebaut.

Liebe und Sexualität sind Themen, mit denen man immer sein Publikum gewinnen kann, das wissen wir beide. »Sex sells«, Sex verkauft, eine alte Weisheit aus den Etagen aller Medienbereiche dieser Welt. Jede Fertigsuppe, jedes Parfüm, jedes Auto, jede Zigarre und auch jedes Buch verkauft sich besser, wenn irgendwo und irgendwie die Verbindung zu Sex hergestellt werden kann. Sogar eine Warnung vor Sex, vielleicht im Zusammenhang mit Aids, lässt sich mit nackter Haut besser an den Mann und an die Frau bringen, die cleveren Reklamemanager machen uns vor, wie es geht.

Was für eine Verantwortung, um Gottes willen! Wo verläuft der richtige und moralisch vertretbare Mittelweg zwischen grenzenloser Offenheit und schlüpfriger Pornografie? Sie können sich vorstellen, wie viele Gespräche zwischen der Hexe und dem Journalisten nötig waren, um hier bei der Suche nach Gold erfolgreich sein zu können.

Aber wenn man genau nachdenkt, ist das Thema Sex gar nicht so heikel, wie es auf den ersten Blick ausschaut. Sex ist die natürlichste Sache der Welt. Eines der letzten Abenteuer außerdem. Wer auf die Stimme seines Körpers hört, ein von Traditionen und Religionen befreites Verhalten entwickeln kann, fährt eigentlich immer richtig.

Alles ist erlaubt, und gleichzeitig ist alles verboten. Die eigene Freiheit hört da auf, wo die Freiheit des anderen anfängt. Sex ist nicht gleich Liebe; und Liebe ist nicht gleich Sex. Die Verbindung aus beidem aber sicherlich ein wunderbarer Zustand.

Das alles klingt verblüffend einfach, finden Sie nicht

auch? Doch auf dem Weg dahin gibt es viele Hürden. Alt überlieferte Hexenrezepte können dabei helfen, diese Hürden zu überwinden. Das wollten wir erarbeiten. Und wenn wir jetzt vor unserem Manuskript sitzen, kurz davor, es in die weite Welt zu schicken, so empfinden wir doch ein bisschen Genugtuung. Denn wir sind der Meinung, dass wir das Klassenziel erreicht haben. So viel Selbstbewusstsein darf sein. Schreiben Sie uns, welche Erfahrungen Sie mit dem Liebeszauber gemacht haben.

Sex ist keine Sache, die ausschließlich im Unterleib geschieht, das habe ich hoffentlich verdeutlichen können. Sex ist vielmehr eine geistige, spirituelle Angelegenheit. So darf die letzte Instanz für Ihr Verhalten in den Bereichen Liebe, Partnerschaft und Sex und auch für Ihre Sexualmoral niemand anders sein als die Stimme Ihres Gewissens. Keine Kirche, kein Guru, kein Therapeut und auch keine Hexe darf Ihnen diesbezüglich vorschreiben, was zu tun ist. Gönnen Sie sich also unbedingt Ruhe und die Zeit, auf diese Stimme des Gewissens zu hören. Sie werden erkennen, dass diese Stimme aus dem Universum kommt, dass sie heilig und damit unfehlbar ist. Danke für Ihre Aufmerksamkeit. Die Götter mögen Sie beschützen.

Sandra, im Frühjahr 2002

Wenn Sie Kontakt zu Sandra aufnehmen möchten, wenden Sie sich bitte an folgende Adresse:

SANDRAS HEXENLADEN, Baierbrunner Straße 2
81379 München, Telefon 089/786541.